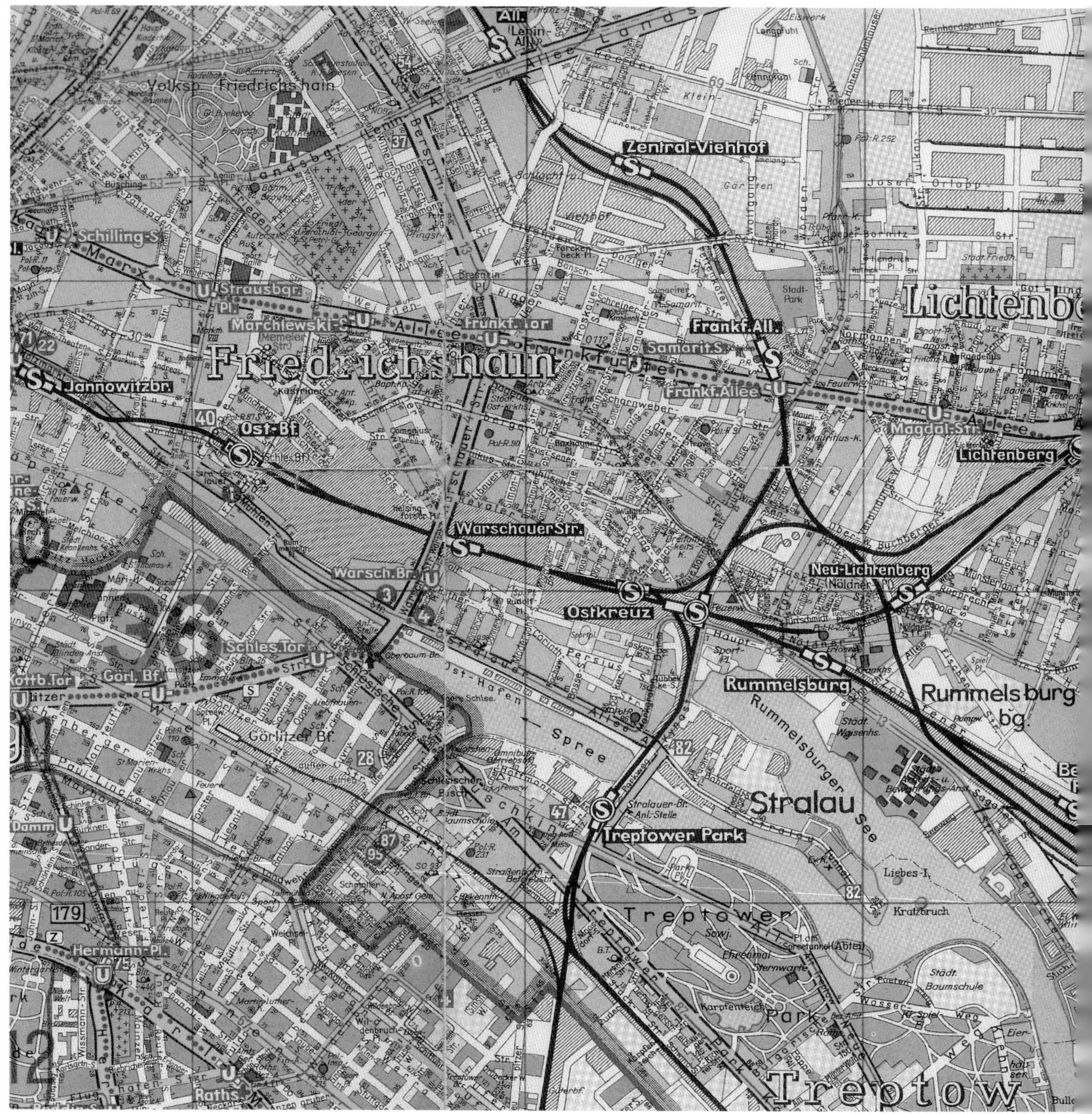

Der Ausschnitt aus dem Schaffmann-Plan Berlin von 1967 zeigt den Bezirk Friedrichshain in seiner vollen Ausdehnung: im Norden der Volkspark Friedrichshain, im Osten begrenzt von der Ringbahn, das weit südöstlich gelegene Stralau mit seinen vorgelagerten Inseln, dann südwestlich entlang der Spree zum damaligen West-Berliner Bezirk Kreuzberg bis kurz vor dem S-Bahnhof Jannowitzbrücke und schließlich westlich zum historischen Kern der Schwesternstädte Cölln und Berlin. So verlief die Bezirksgrenze. Nach Räumung der Kriegstrümmer und Abriss rund um die heutige Lichtenberger Straße entstanden Neubauten, durch die auch die Bezirksgrenze zu Berlin-Mitte verändert wurde. Sowohl die Oberbaumbrücke als auch die zerstörte Brommybrücke über die Spree sind im Stadtplan verzeichnet. Ein Neubau der Brommybrücke zum Fusionsbezirk Kreuzberg ist geplant.

Berlin-Friedrichshain

in alten Bildern

Nach dem Kirchgang entstand am Sonntag, dem 22. Juni 1924, diese Aufnahme im fotografischen Kunstatelier von Hanns Teich in der Petersburger Straße 11/Ecke Thaerstraße am Baltenplatz (Bersarinplatz). Das junge Fräulein namens Wally lächelte minutenlang in die Kamera, bis die Fotoglasplatte vollständig belichtet war. In der Hand hielt sie einen schönen Strauß roter Rosen. Das Bild wurde ihrer Schwester Lieschen zur Erinnerung gewidmet.

Ralf Schmiedecke

Berlin-Friedrichshain

in alten Bildern

SUTTON HEiMAT

Diese farbige lithografische Ansichtskarte mit berühmten Motiven vom grünen Stadtteil Friedrichshain wurde im Jahre 1898 versandt. Dargestellt ist die 1858 geweihte evangelische Kirche St. Bartholomäus von Friedrich August Stüler am Königsplatz, darunter das von Alexander Calandrelli entworfene und 1876 aufgestellte Gefallenendenkmal sowie mittig die unterschiedlich gestalteten Landschaften des ab 1848 eröffneten Hains mit dem rechts zu sehenden Denkmal des Alten Fritz.

Vorsatz: Luftaufnahme um 1910 auf die 1896 eröffnete Oberbaumbrücke. Sie zählt zu den eindrucksvollsten Berliner Bauwerken und ist die Hauptverbindung zwischen den beiden Ortsteilen Friedrichshain und Kreuzberg.
Nachsatz: Verkehrsreich zeigt sich die Stalinallee (seit 1961 Karl-Marx-Allee) mit ihren neuen Bauten in Blickrichtung Strausberger Platz anno 1954. Die hohen zweiflammigen Kandelaber erdachte Richard Paulick.
Einband vorn: siehe Seite 63.
Einband hinten: Mit modernem Licht beleuchtetes Denkmal des Preußenkönigs Friedrich II. (1712–1786) im nach ihm benannten Volkspark Friedrichshain im Jahre 1902. Die Bronzebüste schuf Daniel Christian Rauch.

Impressum

Sutton Verlag GmbH
Hochheimer Straße 59
99094 Erfurt
www.suttonverlag.de

ISBN: 978-3-95400-838-4
Druck: Florjančič Tisk d.o.o. / Slowenien
Gestaltung und Herstellung: Sutton Verlag

Inhaltsverzeichnis

Danksagung

Bedanken möchte ich mich bei den Händlern der Flohmärkte Am Kupfergraben, am Ostbahnhof und in der Straße des 17. Juni, der Empore Kahl, dem Auktionshaus Kraus + Silbernagel sowie bei der Heimatsammlung von Christine und Herbert Muser.

Für die Recherchen und Mitarbeit sowie die kritische Durchsicht der Texte und Bildkommentare danke ich Franziska und Andrea Lieeis.

Nicht zuletzt gilt mein Dank auch Hella Kiefer aus Berlin-Neukölln, Ines Eyring aus Berlin-Wilmersdorf, Jutta Mach aus Berlin-Pankow, Michael Thomas Röblitz aus Berlin-Kreuzberg und Samuel Jonatan Alvarado Carias aus Tegucigalpa/Honduras.

Bildnachweis

Das Foto auf Seite 32 wurde freundlicherweise von Jutta Mach zur Verfügung gestellt.
Alle anderen Bilder stammen aus dem Bildarchiv des Autors.

Bibliografie

Baedeker, Karl: *Der große Baedeker Berlin,* Freiburg 1986.

Chod, Katrin/Schwenk, Herbert/Weisspflug, Hainer: *Berliner Bezirkslexikon, Friedrichshain-Kreuzberg,* Haude & Spener, Berlin 2003.

Die neuen Bezirke (ab 1. Januar 2001), Edition Gauglitz, Berlin 2000.

Döhl, Dörte: *Ludwig Hoffmann. Bauten für Berlin 1896–1924,* Wasmuth Ernst Verlag, Tübingen 2004.

Feustel, Jan: *Spaziergänge im Friedrichshain, Berliner Reminiszenzen No. 64,* Haude & Spener, Berlin 1994.

Hänsel, Sylvaine/Schmitt, Angelika: *Kinoarchitektur in Berlin 1895–1995,* Dietrich Reimer Verlag, Berlin 1995.

Heinemann, Sven/Friedrichshainer Wochenmarktgesellschaft GbR: *Kleine Geschichte des Boxhagener Platzes anlässlich des 110-jährigen Marktbestehens (1905–2015),* Berlin 2016.

Heinemann, Sven/Henze, Timon: *Boxhagen beginnt. Die historische Entwicklung des Grundstücks Boxhagener Straße 79–82 von 1771 bis heute,* Bauwert Aktiengesellschaft, Berlin 2016.

Kauperts Straßenführer durch Berlin, Kaupert Verlag, Deutsche Adressbuch-Gesellschaft, Berlin 1949.

Krumholz, Walter: *Berlin ABC, Verlag Dokumentation,* Berlin und München 1969.

Landesdenkmalamt Berlin: Denkmale in Berlin, Bezirk Friedrichshain, Nicolaische Verlagsbuchhandlung Beuermann GmbH, Berlin 1996.

Meyer-Kronthaler, Jürgen: *Berlins U-Bahnhöfe. Die ersten hundert Jahre,* be.bra Verlag, Berlin 1995.

Meyer-Krontahler, Jürgen/Kramer, Wolfgang: *Berlins S-Bahnhöfe. Ein dreiviertel Jahrhundert,* be.bra Verlag, Berlin 1999.

Schmiedecke, Ralf: *Berlin-Friedrichshain,* Sutton Verlag GmbH, Erfurt 2006.

Schmiedecke, Ralf: *Berliner Feuerwehr,* Sutton Verlag GmbH, Erfurt 2009.

Uebel, Lothar: *Spreewasser, Fabrikschlote und Dampfloks. Die Mühlenstraße am Friedrichshainer Spreeufer,* Anschutz Entertainment Group, Berlin 2009.

Einleitung

Vor dem Königs- und Landsberger Tor entstand Berlins erste öffentliche Grünanlage, die hundert Jahre nach der Thronbesteigung des Preußenkönigs Friedrich II. von den Berliner Stadtverordneten am 30. Mai 1840 beschlossen wurde. Ihrer Hoheit zu Ehren wurde der durch Gustav Meyer und Adolf Patzig von 1846 bis 1848 angelegte „Tiergarten des Ostens" in Friedrichshain benannt. Nachdem der Friedhof der Märzgefallenen angelegt und das Krankenhaus Friedrichshain errichtet worden war, erweiterte man den Volkspark östlich mit einem oval gestalteten Sportplatz zur heutigen Danziger Straße auf insgesamt rund 50 Hektar Fläche.

Namensgebend war der Friedrichshain auch bei der Groß-Berliner Bezirksbildung im Jahr 1920. In der nur 9,8 Quadratmeter großen Verwaltungseinheit wurden Teile der Königsstadt, das Stralauer Viertel, das Frankfurter Viertel und das Fischerdorf Stralau sowie das Areal des Zentralviehhofs zum 5. Stadtbezirk. Mit der Neugliederung 1938 fiel der Zentralviehhof an den Bezirk Prenzlauer Berg, jedoch wurden die einst zum Bezirk Lichtenberg gehörenden Stadtviertel Friedrichsberg und Boxhagen angegliedert, die innerhalb der Ringbahn lagen. Mit der Bezirkszusammenlegung 2001 wurde der Friedrichshain mit dem südwestlich und jenseits der Spree gelegenen Bezirk Kreuzberg zum II. Bezirk von Berlin mit dem Namen Friedrichshain-Kreuzberg. Die seit dem Zweiten Weltkrieg immer noch einzige Verbindung zwischen den heutigen Ortsteilen ist die Oberbaumbrücke, die bereits 1991 als neues Motiv im Wappen vom Bezirk Friedrichshain in Verbindung mit dem Stralauer Karpfen in Erscheinung trat. Durch den Senat von Berlin wurde das neue Bezirkswappen am 7. Oktober 2003 verliehen, wobei jetzt der Fisch im blauen Wellenband abgetaucht ist.

Durch die Industrialisierung Berlins stieg auch die Bevölkerungszahl in Friedrichshain bis 1939 auf über 346.000 Einwohner. Die Menschen waren meist in den nahe gelegenen Handwerksbetrieben und Fabriken an den Bahntrassen, am Osthafen und in den Wohnvierteln beschäftigt. Somit entstand ein Arbeiterbezirk mit dicht besiedelter Bebauung, die bis 1920 zur Ringbahn hin abgeschlossen war. Sogar auf der Halbinsel des Fischerdorfs Stralau zwischen Rummelsburger See und der Spree gab es zahlreiche Industriebetriebe.

Der 1918 verlorene Erste Weltkrieg und die im Versailler Vertrag geregelten, umfassenden Reparationen brachten schwere wirtschaftliche Folgen mit sich. Die Hyperinflation im Jahre 1923 tat ihr Übriges. Ab Mitte der 1920er-Jahre traten dann eine relative Stabilität und wirtschaftliche Erholung ein. Dies änderte sich jedoch mit dem Schwarzen Freitag an der New Yorker Börse 1929, der zur Weltwirtschaftskrise führte. Auch in Deutschland mussten viele Betriebe ihre Arbeiter entlassen oder ganz schließen. Reichspräsident Otto von Hindenburg regierte mit den von ihm nacheinander ernannten Reichskanzlern seit März 1930 nur noch mit Notverordnungen. Bei der Reichstagswahl am 14. September 1930 zeigte sich bereits der Aufstieg der NSDAP zu einer führenden Kraft in der Parteienlandschaft der Weimarer Republik.

Während der nationalsozialistischen Herrschaft entstand im Friedrichshain 1941 der zweite Hochbunker Berlins. In zahlreichen Bombardements – die schlimmsten Angriffe ereigneten sich am 2. und 26. Februar 1945 – wurden mehr als 2.000 Tonnen Spreng- und Brandbomben über Berlin abgeworfen. Zudem kam es gegen Kriegsende zu verheerenden Straßenkämpfen von Haus zu Haus zwischen Wehrmacht, SS, „Volkssturm“ und Roter Armee, die das geschlossene Erscheinungsbild des Bezirks für immer zerstörten. Friedrichshain wies mit 51 Prozent den größten Verlust an Wohnungen in Berlin auf. Die meisten Trümmer wurden auf dem gesprengten Bunker im Volkspark Friedrichshain abgelagert, der seitdem im Volksmund „Mont Klamott“ genannt wird. Nach dem Exodus lebte nur noch jeder zweite Bewohner hier.

Der sowjetische Generaloberst Nikolai Bersarin (1904–1945) erreichte mit der 5. Stoßarmee am 22. April 1945 den Bezirk Friedrichshain. Zwei Tage später wurde er durch Marschall Schukow zum ersten Stadtkommandanten Berlins ernannt. Knapp zwei Monate später starb er infolge eines Motorradunfalls in Friedrichsfelde. Bereits wenige Tage nach den Straßenkämpfen war am 23. April 1945 im Restaurant „Schreinerhof“ im Frankfurter Viertel eine vorläufige Verwaltung aufgenommen worden, die die Versorgung der Menschen und die provisorische Reparatur der Infrastruktur zum Ziel hatte.

Da enormer Wohnraumbedarf in der Trümmerlandschaft Friedrichshains bestand, wurden im 1. Nationalen Aufbauprogramm 1952 die Gebäude der Stalinallee errichtet. In der herkömmlichen Ziegelbauweise mit Meißener Porzellanelementen verkleidet, entstanden die klassizistischen Bauten an der ersten sozialistischen Straße Berlins durch mehrere Architektenkollektive.

Der Ortsteil Friedrichshain zählt mit seinen 127.189 Einwohnern (Stand 2016) zu den am dichtesten besiedelten Stadtteilen Berlins. Mit seinem Kreuzberger Pendant gehört er zu den lebendigsten, jüngsten sowie ökologisch und ökonomisch innovativsten Bezirken der deutschen Hauptstadt.

Horst Wessel (1907–1930) trat 1926 in die NSDAP ein und war „Sturmführer“ der SA. Er verfasste das Horst-Wessel-Lied („Die Fahnen hoch“), das zur Parteihymne wurde. An der Tür seiner Wohnung in der Großen Frankfurter Straße 62 wurde er von KPD-Mitgliedern angeschossen und verstarb einige Wochen später im Krankenhaus Friedrichshain. Als „Märtyrer der Bewegung“ wurde u. a. der Bezirk Friedrichshain 1933 in „Horst-Wessel-Stadt“ umbenannt. Sein Grab auf dem St.-Nikolai-Friedhof in Prenzlauer Berg wurde 1945 von Soldaten der Roten Armee eingeebnet. Der Grabstein wurde im Juni 2013 beseitigt.

1. Rund um den Volkspark Friedrichshain

Blick vom Volkspark Friedrichshain auf die Bebauung um das Königstor im Jahre 1915. Auf dem Platz stand einst das 1701 bezeichnete Königstor. Es diente als Durchlass der mittelalterlichen Stadtmauer und späteren Berliner Zollmauer in nordöstlicher Richtung nach Bernau. Da die Stadt über die Akzisemauer (Zollmauer) hinaus wuchs, wurde das Tor 1746 abgetragen. Seit 1991 heißt der Ort vor der evangelischen Kirche St. Bartholomäus wieder „Platz am Königstor“.

Die heute noch vorhandene Bebauung am Königstor an der Ecke Greifswalder Straße/Am Friedrichshain Anfang der 1930er-Jahre. Rechts ist der Haupteingang des Volksparks zum Märchenbrunnen zu sehen. Das Eckhaus wurde gemäß dem neuen Zeitgeschmack von gründerzeitlichem Stuck befreit und mit einer glatten Fassade mit dominierender Farbgebung gestaltet. Seit der Bezirksbildung Berlins 1920 gehören die abgebildeten Häuser zum Prenzlauer Berg.

Gegenüber dem Volkspark lag im Bötzow-Viertel (Prenzlauer Berg) auf dem Gelände der Aktien-Brauerei Friedrichshain (Am Friedrichshain 16–23) der 1886 bis 1888 nach Entwürfen von Max Schilling errichtete „Saalbau am Friedrichshain". Er zählte mit seinen über 1.000 Plätzen zu den größten Konzertsälen Berlins. Besitzer zum Zeitpunkt der Aufnahme 1927 war Ernst Liebing. Das Gebäude wurde 1993 abgerissen.

Brüderchen und Schwesterchen sitzen auf dem Beckenrand des Märchenbrunnens und bestaunen dessen Figuren und die Fontänen. Im Hintergrund der Aufnahme von 1953 ist der Kirchturm von St. Bartholomäus zu sehen. Das Gotteshaus wurde von 1854 bis 1858 nach Plänen von Friedrich August Stüler vom Baumeister Friedrich Adler auf dem einst fünf Meter hohen Leßmannschen Weinberg am Königstor erbaut.

Auch der Hauptzugang am Königstor zum Märchenbrunnen ist mit Figuren gesäumt. Anlässlich eines Fototermins um 1920 positionierte sich diese große Besuchergruppe auf dem Weg. Die Arkaden des Brunnens boten einen schönen Hintergrund. Auch der links zu sehende „Steppke“ vor dem Kinderwagen bemühte sich, minutenlang stillzustehen und zu lächeln.

Die 90 x 172 Meter große Anlage des Märchenbrunnens entstand unter Leitung des Berliner Stadtbaurats Ludwig Hoffmann und wurde 1913 eröffnet. Die Beckenränder zieren zehn Figuren aus den Grimm’schen Märchen, geschaffen vom Bildhauer Ignatius Taschner, die hier auf einer Ansichtskarte von 1914 abgebildet sind. Auf der halbrunden Arkade im und um das große Bassin befinden sich weitere Steinplastiken von Georg Wrba und Josef Rauch.

Seitlich des Märchenbrunnens liegen an engen, heckengesäumten Wegen vier Hermen, die der Bildhauer Georg Wrba schuf. Neben dem Menschenfresser, der Riesentochter und dem Rübezahl gehört auch die hier 1916 fotografierte Frau Holle dazu. Bekannt ist sie aus dem Märchen der Brüder Grimm, wo ihr Marie, das schöne und fleißige Mädchen, die Betten aufschüttelt. Aus den umherfliegenden Federn werden Schneeflocken, die zur Erde fallen.

An einem schönen Sonntag im Sommer 1924 flanierte diese Familie ins Grün des Volksparks. Sehr fein haben sich die Eltern herausgeputzt. Der fünfjährige Sohnemann wurde hingegen sehr sportlich und mit kurzer Hose bekleidet. Einst war im Friedrichshain der Bau des Berliner Fernsehturms vorgesehen. Dies scheiterte jedoch durch den Mauerbau 1961, der erhebliche Kosten verursachte. Erst 1965 bis 1969 wurde er am Alexanderplatz errichtet.

Ruhig plätschert Wasser aus einer Quelle im Friedrichshain. Nur das Vogelzwitschern und der Wasserfall sind in der Idylle seinerzeit hörbar. In dieser grünen Oase mit ihrer frischen Luft finden die Bewohner der umliegenden eng bebauten Kieze Erholung und Entspannung. Die Aufnahme mit der Parkpartie entstand um 1920. Beim Bau des Hochbunkers 1941 verschwand der Wassersturz.

Nicht nur zum Vergnügen, sondern auch aufgrund gesundheitlicher Aspekte schuf man in Parks und auf Stadtplätzen Becken zum kniehohen Planschen für Kinder. Noch heute gibt es im Volkspark Friedrichshain an der Friedenstraße ein im Rasen eingebettetes, etwa 200 Quadratmeter großes Flachbecken, das 1998 mit künstlerisch gestalteten, wasserspeienden Tieren ergänzt wurde. Die Aufnahme entstand 1916.

Gruss aus Berlin

Landsberger Thor — Frieden-Strasse

◂ Schön gestaltet war auch der Zugang zum Friedrichshain am Landsberger Platz, hier auf einer Aufnahme um 1920. Im Hintergrund ist das Kriegerdenkmal mit dem sterbenden Soldaten zu sehen, der von einem Engel in den Himmel begleitet wird. Zum Gedenken an die Gefallenen der Kriege von 1864, 1866 und 1870/71 schuf es Alexander Calandelli 1876.

Mit geschmackvollem Interieur und gut gekleideten Gästen präsentiert sich das „Konzert-Café Schröder“ auf dieser Ansichtskarte aus dem Jahre 1924. Gastwirt Emil Kutschkau führte die Restauration am Landsberger Platz 5 (heute Landsberger Allee 2) im Eckhaus Friedenstraße und Landsberger Straße gegenüber dem Friedrichshain. In der zweiten Etage des Hauses wohnte seinerzeit auch der Platzinspektor Hermann Lindemann.

◂ Diese Ansichtskarte vom Landsberger Tor (Platz) mit Blick in die Friedenstraße entstand Anfang des 20. Jahrhunderts. Beschaulich war diese Wohngegend am Volkspark Friedrichshain. Zu sehen ist auch ein Toilettenhäuschen, das auf Berlinerisch „Café-Achteck“ genannt wird. Links der Laterne befindet sich das heute noch bestehende Lehrerwohnhaus von Hermann Blankenstein aus dem Jahr 1883. Mittig im Hintergrund ist der Turm der Auferstehungskirche zu erkennen.

Auf Initiative der Politiker Heinrich Kochhann und Rudolf Virchow – Letzterer war auch Mediziner – entstand von 1868 bis 1874 das Städtische Krankenhaus am Friedrichshain auf einem Fünftel der Volksparkfläche. Die Architekten Martin Gropius und Heino Schmieden entwarfen die Pavillongebäude entlang der Hauptallee. Den Haupteingang am Parkweg (heute Ernst-Zinna-Weg) sieht man hier auf einer Aufnahme um 1905.

Im südlichen Teil des Volksparks an der Landsberger Allee befindet sich auf dem ehemaligen Lindenberg der „Friedhof der Märzgefallenen". Für bessere Lebensbedingungen gingen zahlreiche Arbeiter, Handwerker und Lehrlinge, unter ihnen auch Frauen, auf die Straße. Die Revolte wurde blutig niedergeschlagen. Hier liegen 183 zivile Opfer begraben. Zur Erinnerung an den 18. März 1848 ist auf dem Bild von 1912 abgelegter Grabschmuck zu sehen.

Neben den zweigeschossigen Krankenstationsgebäuden gab es auch Wirtschafts- und Versorgungsbauten. Auf dem weitläufigen Gelände im Grünen konnten sich die Kranken auch an frischer Luft von ihren Leiden kurieren. Eine Kapelle konnten sie zum Seelenheil aufsuchen. Hier der Blick vom Eingangsgebäude entlang der Hauptallee in Richtung Virchowstraße anno 1907. Rund 75 Prozent der Einrichtungen wurden im Zweiten Weltkrieg zerstört.

Gegenüber dem Krankenhaus Friedrichshain befand sich in der Landsberger Allee (heute 44)/Ecke Matthiasstraße das Victoriahaus für Krankenpflege. Auf Initiative der Kronprinzessin Victoria (1866–1929) war es 1885 als fünfgeschossiges Backsteingebäude entstanden. Hier sieht man es im Jahr 1904. Die alte Bausubstanz ist in der Allee noch erkennbar. Die Thronfolgerin finanzierte die Einrichtung aus Privatmitteln. Die gut ausgebildeten Victoriaschwestern versorgten hauptsächlich arme, kinderreiche Familien.

Die Landsberger Allee mit Blick zur Ecke Tilsiter Straße (Richard-Sorge-Straße) um 1900. Gegenüber dem Friedrichshain ließ der Münchner Brauereibesitzer Georg Patzenhofer (1815–1873) um 1856 einen Lagerkeller errichten. 1871 wurde sein Berliner Unternehmen in die Aktien-Brauerei-Gesellschaft Friedrichshöhe umgewandelt. Von 1877 bis 1886 entstanden an der Tilsiter Straße Einrichtungen für die komplette Biererzeugung und Auslieferung durch die Architektengemeinschaft Max Alterthum und Sado Zadek. Gebraut wurde hier bis 1991. ▼

2. Vom Zentralviehhof zum Frankfurter Viertel

Am 28. Oktober 1876 erwarb die Berliner Viehmarkt-AG ein 38,62 Hektar großes Gelände an der östlichen Ringbahn. Durch den Berliner Stadtbaurat Hermann Blankenstein entstanden bis 1883 die Gebäude. Bereits am 1. März 1881 war der Städtische Zentralvieh- und Schlachthof in Teilen eröffnet worden. Hier zu sehen ist die Börsenhalle anno 1899, wo Lebendware sowie Fleisch- und Wurstprodukte höchstbietend versteigert wurden.

Die preußische Regierung erließ am 18. März 1868 aufgrund der Missstände in den privaten Schlachtbetrieben das Gesetz über die „Errichtung öffentlicher, ausschließlich zu benutzender Schlachthäuser“. Rudolf Virchow unterstützte dies ab 1874 mit seinen Hygienevorstellungen. Hier eine Kühlhalle für Schweinehälften, die an ihren Klauen aufgehängt zur Verwurstung transportiert wurden.

Die Erweiterung des Geländes des Zentralvieh- und Schlachthofes um 10,9 Hektar erfolgte 1889 westlich der Eldenaer Straße. Hier ist ein Pferdefuhrwerk vor den Hallen an der Landsberger Allee abgebildet, die auf dem neuen Terrain nach Entwürfen von August Lindemann entstanden. In den 1930er-Jahren versorgte die Einrichtung die Bewohner der Vier-Millionen-Stadt Berlin.

Für die 243. und 267. Gemeindedoppelschule entstand nach Entwürfen von Ludwig Hoffmann von 1904 bis 1906 eine Dreiflügelanlage im Hof mit diesem Rektorenwohnhaus in der Hausburgstraße 20. Die Fassade wurde mit Diamantrustika in Muschelkalkstein verkleidet. Vorbild war vermutlich das Äußere des Palazzo dei Diamanti im oberitalienischen Ferrara. Der figürliche Schmuck am Portal stammt vom Bildhauer Josef Rauch.

Nach dem Erfinder der Kurzschrift, dem Stenografen Wilhelm Stolze (1798–1867), wurde am 23. September 1898 diese Straße benannt. Hier schweift der Blick anno 1907 von der Kochhannstraße zur Landsberger Allee. Im linken Eckhaus Wilhelm-Stolze-Straße 11 befand sich das Kolonialwarengeschäft von Friedrich Carl Viol. Nahezu alle hier zu sehenden Gebäude wurden bis 1945 zerstört. Später erfolgte eine Neubebauung sogar auf einstigem Straßenland.

Im Hof der Landsberger Allee 40–41/Ecke Petersburger Straße 50 befanden sich von 1915 bis zur Zerstörung 1943 die Flora-Lichtspiele. Ab 1937 übernahmen Juhnke & Woelke das Kino. Unter der Geschäftsführung von Erich K. Brünings wurde es auf 1.050 Sitzplätze erweitert. Zum Zeitpunkt der Aufnahme 1939 war auf der 7 x 5 Meter großen Leinwand der von der Münchener Germania-Film GmbH produzierte Streifen „Das Gewähr über!" zu sehen.

Blick von der Ecke Zorndorfer Straße (Mühsamstraße) über den Petersburger Platz auf die Bebauung der Petersburger Straße zwischen Ebeling- und Matternstraße im Jahre 1909. Die Matternstraße erhielt ihren Namen am 23. März 1898 nach dem Kaufmann Theodor Mattern (1820–1886), der Färbereibesitzer, Sachverständiger für Woll- und Rohstoffe beim Berliner Stadtgericht und bis zu seinem Tod Berliner Stadtverordneter war.

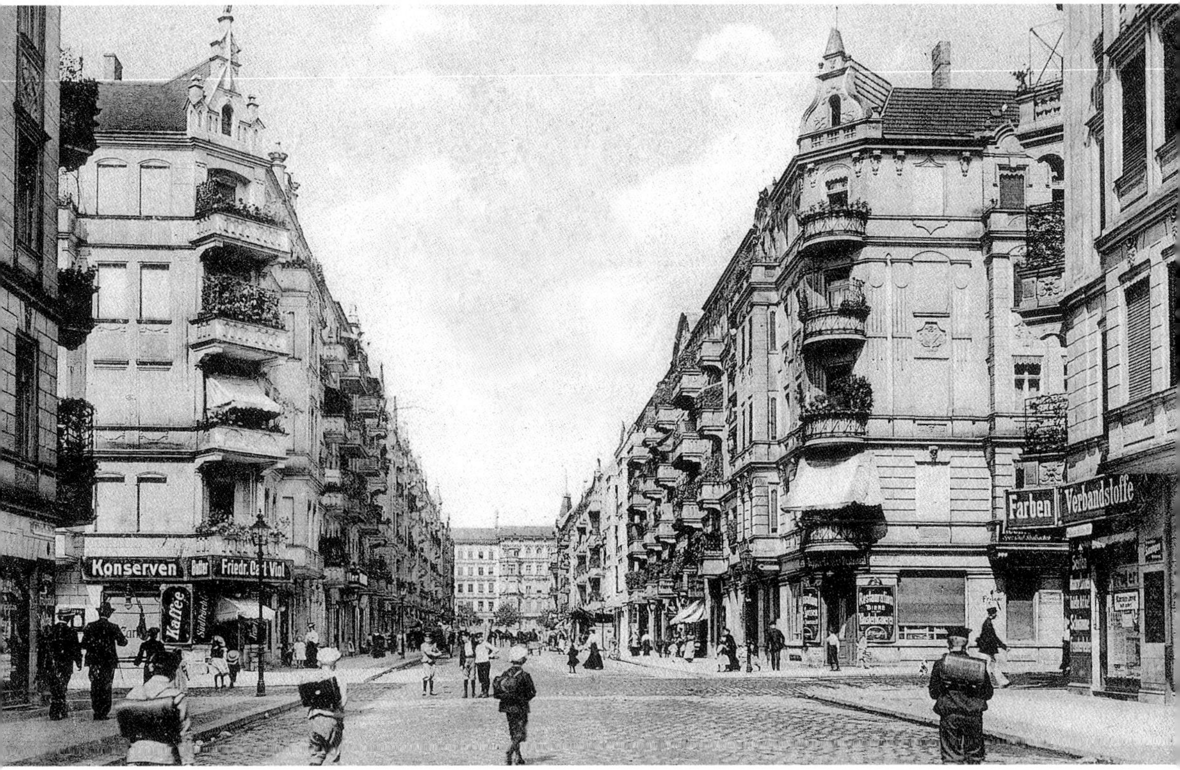
Konserven
Kaffee
Farben
Verbandstoffe

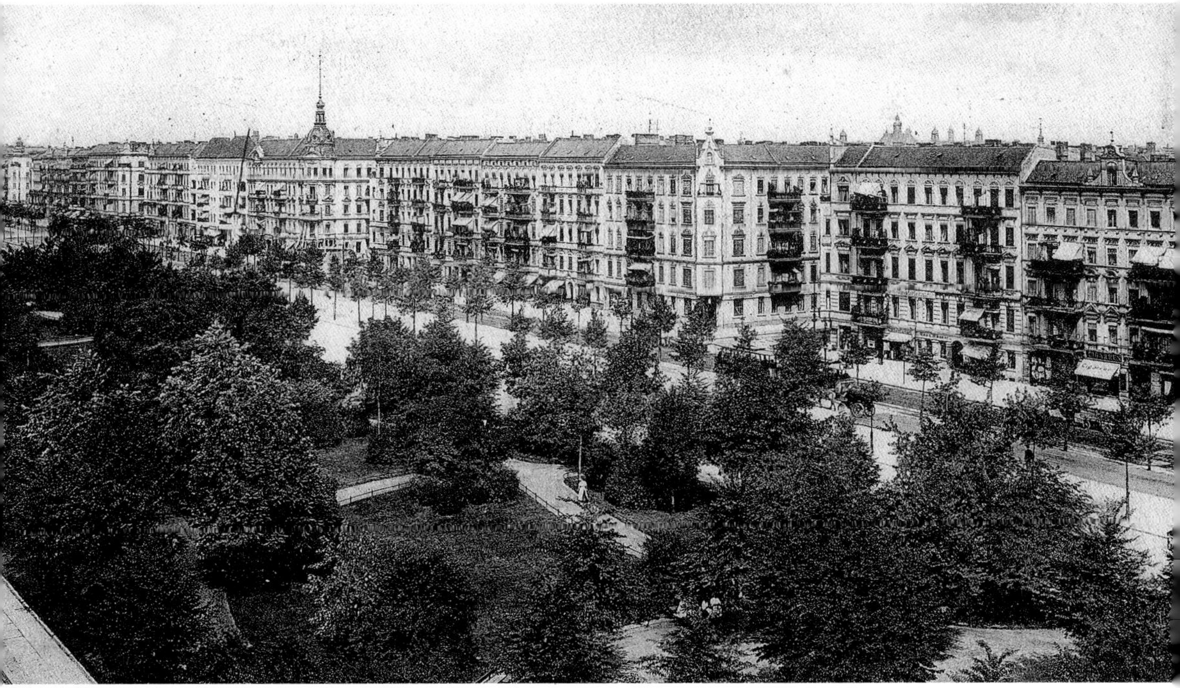

Die evangelische Pfingstkirche am Petersburger Platz entstand nach Plänen von Jürgen Kröger und Gustav Werner von 1906 bis 1908 im Flamboyantstil, hier um 1933. Die 1,05 Hektar große Grünanlage trug in der Zeit von 1982 bis 1991 den Namen Kotikowplatz. Die Benennung erfolgte zu Ehren von General Alexander Georgijewitsch Kotikow (1902–1981), der von 1946 bis 1950 Stadtkommandant des sowjetischen Sektors Berlins war.

Heute kaum noch wiederzuerkennen ist die einst geschlossene Bebauung mit ihren vielen Einzelbalkonen in der Löwestraße, hier mit der querenden Zorndorfer Straße (seit 1951 Mühsamstraße) und mit Blick zur Richthofenstraße (heute Auerstraße) um 1935. Nach dem Berliner Unternehmer und Kommunalpolitiker Albert Löwe (1823–1886) wurde die Straße am 23. März 1898 benannt.

Im Juni 1928 entstand dieses Foto des Restaurants „Zum Eckertsberg“ von Ernst Burmeister. Der Ausschank der Berliner-Kindl-Brauerei befand sich in der Eckertstraße 17. Heinrich Ferdinand Eckert (1819–1875) war Berliner Industrieller, der Land- und Straßenreinigungsmaschinen produzierte. Neben Rudolph Sack gilt er als Vater des deutschen Pflugbaus.

Im Innenhof der Eckertstraße 10 wurde durch den Berliner Stadtbaurat Ludwig Hoffmann die 258. und 271. Gemeindedoppelschule 1907/08 errichtet. Das separat stehende Rektorenwohnhaus an der Straße hebt sich mit einer leicht nach hinten versetzten Fassade ab. Die Bildhauerarbeiten schuf Josef Rauch. Ungewöhnlich für das viergeschossige Vorderhaus ist, dass es die Traufhöhe der umliegenden Bebauung aufnimmt.

Bereits 1862 verzeichnete James Hobrecht in seinem Bebauungsplan den am 4. April 1895 benannten Baltenplatz, hier anno 1925 mit Blickachse der Petersburger Straße zur Straßmannstraße zu sehen. Am Rande des etwa 1,75 Hektar großen Schmuckplatzes befand sich eine Urania-Uhrensäule. Zu Ehren des ersten sowjetischen Stadtkommandanten von Berlin, Nikolai Bersarin (1904–1945), erhielt der Platz am 31. Juli 1947 seinen Namen.

Ein beliebter Treffpunkt am Frankfurter Tor war das „Café Leitmeyer“ in der Petersburger Straße 91/ Ecke Frankfurter Allee. Hier servierte die Inhaberin Agnes Leitmeyer selbst gebackene Torten und Kuchen in vorzüglicher Qualität. Dazu wurden Kaffee, Tee oder Kakaogetränke gereicht. Hier der Blick ins geschmackvoll ausgestattete Interieur mit dem Zugang zur offenen oberen Etage im Jahre 1918.

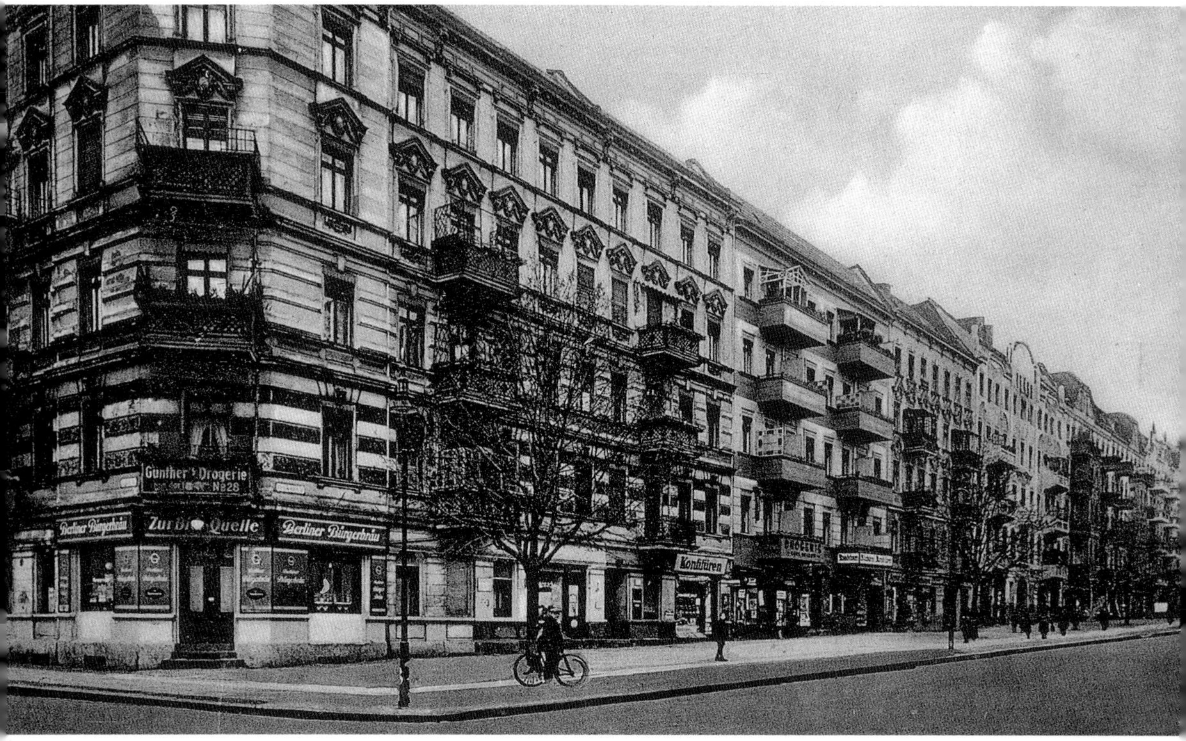
Berliner Bürgerbräu
Berliner Bürgerbräu
Konfitüren

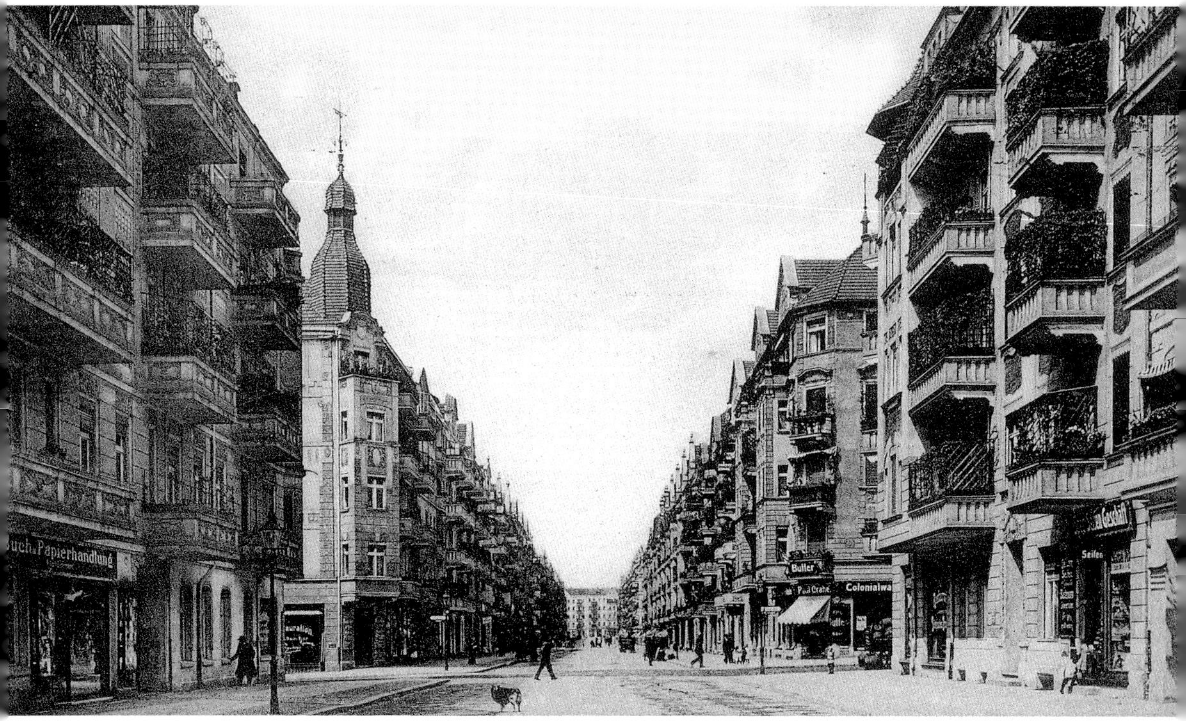
Butter
Seifen

Die Proskauer/Ecke Rigaer Straße in rechter Blickrichtung zum Forckenbeckplatz um 1930. In der Proskauer Straße 29 war der Ausschank von Karl Otto. Im Nachbargebäude hatte der Drogist Paul Günther sein Geschäft. Seinerzeit befand sich das Haus Nr. 26 in Auslandsbesitz. Eigentümer war der spanische Kaufmann José des Barrio. Nach der oberschlesischen Stadt Proskau wurde die Straße am 18. Oktober 1881 benannt.

Die Mirbachstraße zwischen der Proskauer Straße und der Samariterkirche um 1930. Rechts ist die Reformwohnanlage des Berliner Spar- und Bauvereins zu sehen, die als Randbebauung bis zur Schreinerstraße von 1896 bis 1898 nach Plänen von Alfred Messel im Landhausstil entstand. Nach dem Totalverlust des Eckhauses infolge von Kriegseinwirkungen ergänzte sie der Architekt R. Reinhardt 1954/55 wieder. Nach dem NS-Widerstandkämpfer Willi Bänsch (1908–1944) war die Mirbachstraße am 31. Mai 1951 umbenannt worden.

Nach dem Juristen und Berliner Kommunalpolitiker Waldemar Theobald Otto Schreiner (1816–1898) erhielt diese Straße im Frankfurter Viertel ihren Namen. Hier schweift der Blick anno 1911 von der Kreuzung Voigtstraße zu den im Hintergrund liegenden Gebäuden der Proskauer Straße. Im rechten Eckhaus (Schreinerstraße 43) befand sich die Butter- und Kolonialwarenhandlung von Paul Crahe.

Blick von der Rigaer Straße in die Gabelsberger Straße um 1912. Nach dem Münchner Franz Xaver Gabelsberger (1789–1849) erhielt die Straße am 9. Januar 1901 ihren Namen. Er erfand ein grafisches Kurzschriftsystem, das ein Vorläufer der heutigen Stenografie darstellt. Die Umbenennung in Silvio-Meier-Straße erfolgte am 26. April 2013. Der Aktivist der linksalternativen Szene und Hausbesetzer wurde am 21. November 1992 auf dem U-Bahnhof Samariterstraße von Neonazis getötet.

Der aus Ostpreußen stammende Bäckermeister Otto Schrang führte mit seiner in Berlin geborenen Frau Elsbeth nach ihrer Hochzeit am 6. Juni 1919 seit Herbst des Jahres eine Brot- und Feinbäckerei in der Gabelsberger Straße 8, hier um 1922 zu sehen. Ihr Sohn Horst war 1921 geboren worden. Ab 1928 übernahmen sie eine Bäckerei in der Charlottenstraße 52 in Niederschönhausen, wo sie bis 1950 feinste Backwaren produzierten. Danach führte der Sohn das Geschäft weiter.

Der Inhaber des Restaurants „Hackepeter" in der Frankfurter Allee 290 (heute 67)/Ecke Voigtstraße war August Schereik. Hier der Blick ins Innere mit der Schanktheke und dem Verkaufstresen für Wurstwaren um 1920. Nach dem Direktor des Berliner Pfandbriefamtes und Stadtrat Johann Heinrich Ferdinand Voigt (1836–1905) wurde die Seitenstraße bereits noch zu seinen Lebzeiten am 13. April 1904 benannt.

Eine typische Berliner Eckkneipe mit Restaurantbetrieb befand sich in der Frankfurter Allee 44 (heute 69) an der Voigtstraße. Heinrich Kloß bewirtete seine Gäste um 1913. Das obere Bild zeigt die geschmackvolle Inneneinrichtung samt Belegschaft und sich zuprostenden Kunden. Auf dem Tresen steht auch die Kasse. Unten befindet sich der Eingang zur Groß-Destillation. Das 1906 errichtete Gebäude wurde im Zweiten Weltkrieg zerstört.

Blick von der Dolziger Straße in die Pettenkoferstraße um 1930. Rechts ist das Gebäude der 280. und 293. Volksschule (heute Pettenkofer Grundschule) zu sehen, das nach Planung von Ludwig Hoffmann 1911–14 als Dreiflügelbau mit dem mittig angeordneten Lehrerwohnhaus an der Straße entstand. Die Figuren an den beiden Eingangstore stammen von Josef Rauch.

Blick von der Pettenkoferstraße in die Mirbachstraße (Bänschstraße) mit der im Hintergrund zu sehenden, 1894 geweihten evangelischen Samariterkirche von Ludwig Möckel im Jahr 1929. Die Gebäude links sind größtenteils im Zweiten Weltkrieg zerstört worden. Das Eckhaus mit der damaligen Gastwirtschaft von Paul Kulk ist mit veränderter Dachlandschaft erhalten geblieben. In der Schule Rigaer Straße 81/82 lernte die Sängerin und Frontfrau der Band „Silly“, Tamara Danz (1952–1996).

Diese Ansichtskarte der nördlichen Straßenseite der Frankfurter Allee in Blickrichtung zur Ringbahn wurde 1901 versandt. Mittig ist die Straße 66b zu erkennen, die in Verlängerung mit dem nie offiziell benannten Mühlenweg am 28. Juni 1907 zur Waldeyerstraße wurde. Die Umbenennung der Straße zu Ehren des Mediziners Heinrich Wilhelm Gottfried von Waldeyer-Hartz (1836–1921) geschah noch zu dessen Lebzeiten.

Noch immer gibt es keinen direkten Übergang zwischen dem am 1. Mai 1872 eröffneten S-Bahnhof Frankfurter Allee (ursprünglich Friedrichsberg) und dem am 21. Dezember 1930 in Betrieb genommenen, gleichnamigen U-Bahnhof. Somit quälen sich noch heute die Umsteiger durch die gleiche Gassenbreite, wie auf der Foto von 1935. Von 1949 bis 1961 hießen die Stationen Stalinallee. Nachdem der Altbau 1945 zerstört worden war, befand sich hier die Ringbahn-Markthalle, die dem am 5. Oktober 1995 eröffneten Ring-Center I weichen musste.

3. Alte Stralauer Vorstadt

Quirlige Geschäftigkeit herrschte auf dem alten Strausberger Platz an der Großen Frankfurter Straße/Ecke Krautstraße anno 1904. Der Ort verfügte über eine langgestreckte Mittelinsel, auf der sich ein kleiner Brunnen und ein Pissoir befanden. An der Straße in Richtung Strausberg war einst ein Richtplatz vor den Toren Berlins angelegt. Hier wurde der Kaufmann Hans Kohlhase 1540 exekutiert. Die Geschichte findet sich in einer Novelle von Heinrich von Kleist wieder.

Das größte Etablissement am Strausberger Platz war das 1901 errichtete Gasthaus „Frankfurter Hütte“ an der Ecke Große Frankfurter Straße 101/Krautstraße. Diese lithografische Ansichtskarte mit dem Gebäude und dem Stadtwappen von Frankfurt/Oder wurde 1902 versandt. Auch der Junge konnte hier einkehren, da es zahlreiche alkoholfreie Getränke gab.

Elegantes für die Füße gab es im Schuhwarengeschäft von Ch. Rebbe und F. Hartmann in der Landsberger Straße 103 nahe der Palisadenstraße. Hier befand sich eine Werkstatt, die Schuhe nach Maß anfertigte und Reparaturen durchführte. Die Ladenansicht mitsamt der Belegschaft entstand im August 1921. Die Inhaber warben mit den Offerten „Große Preisermäßigung“ und „Außergewöhnlich billige Preise“ und boten bis zu 70 Prozent Rabatt an.

Die Weberstraße war einst der Teil der Linienstraße, die zwischen der Großen Frankfurter und Landsberger Straße lag. Sie erhielt am 22. Januar 1821 ihren Namen nach den hier ansässigen zahlreichen Webern, Tuchmachern, Seiden- und Strumpfwirkern. Das Foto entstand in Höhe der evangelischen Markuskirche in Blickrichtung Landsberger Straße anno 1927. Im zweiten Hof des Hauses 15a wurden in der Firma Max Hirsch & Co. (vormals Anna Kulisch) Textilsäcke gewebt. Die Sackfabrik zog kurz danach in die Schönhauser Allee 33/34 (Bezirk Prenzlauer Berg) um.

Das Gebäude Palisadenstraße 19 gegenüber der Strausberger Straße wurde 1866 errichtet. Otto Pohlmann begründete 1884 ein Geschäft für Eisenwaren, Bau- und Möbelbeschläge. Der Kaufmann Otto Koenig übernahm den Laden 1913 (hier zu sehen). Nach den Befestigungsschanzpfählen, die hier früher gestanden haben, wurde die Palisadenstraße am 30. Juli 1833 benannt.

Während der Berliner Großkampftage des Generalstreiks im März 1919 wurde auch dieses Mietshaus in der Fürstenwalder Straße 12/Ecke Große Frankfurter Straße 32 nahe dem Strausberger Platz erheblich beschädigt. Eine 2,5 Zentner schwere Mine durchschlug mehrere Etagen und riss ein großes Loch in die Fassade der Fürstenwalder Straße.

Die von der Palisadenstraße zurückgesetzte und einst mit Mietshäusern umbaute Kirche St. Pius entstand von 1889 bis 1894 nach Entwürfen von Max Hasak als erstes steinernes katholisches Gotteshaus im Berliner Osten. Benannt wurde sie nach Papst Pius V. (1504–1572). Damit der Kirchturm nicht ins Blickfeld der neuen Bauten der Stalinallee (Karl-Marx-Allee) geriet, wurde er verkürzt. Im Hintergrund rechts ist der Turm der evangelischen Auferstehungskirche zu sehen.

Die Tilsiter Straße (Richard-Sorge-Straße) 13 um 1913. Hier befanden sich u. a. die Geschäfte der Strumpfstickerei von Emma Nimz und die Milchanstalt von Reinhard Knop. Nebenan (Nr. 14–15) gab es einen 1895 errichteten, neugotischen Hofsaalbau (Christuskirche) der evangelisch-methodistischen Elim-Gemeinde, der auch 1945 zerstört wurde. Mithilfe von 1948 gesammelten amerikanischen Spendengeldern wurde dort die Holzkirche aufgestellt.

Noch heute gibt es das Gebäude mit einem Fabrikkomplex im Hof in der Richard-Sorge-Straße 22. Hier befand sich einst das Ost-Krankenhaus, das im Besitz von Prof. E. Kromayer und Dr. Eugen von Chrismar war. Zudem praktizierte hier der Hautarzt Max Brenning. Die Bürovorsteherin war Katharina Mill und Alma Müller war die Oberin. Diese Ansichtskarte von 1918 zeigt auch die begrünte Dachterrasse mit Blick auf den Turm der Pfingstkirche.

Prächtig und doch gründerzeitlich simpel war die Architektur des Eckhauses Frankfurter Allee 75 zwischen Tilsiter Straße und Thaerstraße. Um 1899 befand sich hier das Restaurant von Hermann Willert. Nach der Zerstörung der Gegend wurden die Ruinen beseitigt und die Straßen hier entwidmet. An dieser Stelle schufen die Architekten Josef Kaiser und Herbert Aust das Kino Kosmos, das von 1962 bis 2005 bespielt wurde.

Kurz nach Kriegsende entstand dieses Foto mit der Ruine der Lazaruskirche an der Romintener Straße (Grünberger Straße)/Ecke Kadiner Straße. Das neugotische Gotteshaus mit dem eigenwillig gestalteten Glockenturm im Backsteinstil war 1907 nach Plänen des Potsdamer Baurats Friedrich Wilhelm Wever fertiggestellt worden. Der „Dom des Ostens“ wurde am 13. April 1945 von Bomben getroffen und die Ruine am 10. September 1949 gesprengt.

Anlässlich des 60-jährigen Bestehens der evangelischen Lazarusgemeinde wurde diese Erinnerungskarte im Jahre 1956 gedruckt. Die Gemeinde wuchs schnell auf 70.000 Gläubige an, sodass ein Gemeindehaus erforderlich wurde. Das „Lazarushaus" in der heutigen Marchlewskistraße 40 wurde nach Plänen des Regierungsbaumeisters a.D. Hans Jessen und nach dessen Tod weiter unter der Leitung von Otto March 1930/31 erbaut.

Nur noch sehr wenig ist von den prachtvollen Bauten an der Revaler Straße/Ecke Memeler Straße (Marchlewskistraße) am Helsingforser Platz erhalten. Der Dreiecksplatz, auf dem sich seinerzeit vermutlich ein Toilettenhaus befand, wurde am 28. Juni 1907 nach Helsingfors benannt, dem schwedischen Namen für Helsinki. Hier der Blick um 1920 von der Bromberger Straße, die am 26. Juli 1951 den Namen Helsingforser Straße erhielt.

Kühl-Anlagen
Kühl-Schränke
Zu vermieten
KONSUM
KONSUM KONSUM-GENOSSENSCHAFT BERLIN u. UMGEG.

Von der Boxhagener Straße blickte der Fotograf 1931 in die Lithauer Straße (seit 15. Mai 1935 Lasdehner Straße). Im Eckhaus befand sich die Drogerie von Paul Runge. In der Bildmitte ist auf der linken Straßenseite die heute noch vorhandene, 1909 fertiggestellte 233. und 236. Gemeindeschule erkennbar. Sie wurde nach Entwürfen von Ludwig Hoffmann als viergeschossiger Dreiflügelbau mit roten Ziegelfassaden errichtet. Die Bauplastiken schuf Georg Wrba.

Blick von der Friedenstraße auf die Weberwiese an der Frankfurter Allee auf einer Ansichtskarte von 1902. Auf dem Areal bleichten einst die zahlreichen ansässigen Weber Mitte des 19. Jahrhunderts ihre Tuche. Mit der konfektionsmäßigen Anfertigung von Mänteln begannen hier 1837 die Gebrüder Mannheimer. Später entstand dort ein baumreicher Park, wo sich an der Ecke zur Memeler Straße (Marchlewskistraße) eine Urania-Uhrensäule befand. Unweit von hier war die Feuerwache Memel.

Die heute nicht mehr vorhandene Bebauung der Frankfurter Allee zur Lithauer Straße (heute Lasdehner Straße) um 1930. Zum Zeitpunkt der Aufnahme gehörte das Eckgebäude der Konsum-Genossenschaft Berlin und Umgegend e.G., die im Erdgeschoss auch eine Filiale betrieb. Der sogenannte KGB war 1899 gegründet worden und produzierte einst zahlreiche Lebensmittel für die vielen eigenen Geschäfte der Stadt auf ihrem Gelände in Lichtenberg.

Die Fruchtstraße (Straße der Pariser Kommune) am Küstriner Platz (Mehringplatz) in Blickrichtung Norden zur Großen Frankfurter Straße 4 und 5–6 mit ihren beiden Eckkuppelaufbauten anno 1909. Auf Antrag der Anwohner erhielt der Landweg am 8. Dezember 1820 den Namen Fruchtstraße, weil sich hier auf fruchtbarem Boden zahlreiche Blumengärten befanden. Die beiden im Vordergrund abgebildeten Eckhäuser gehören auch zur querenden Rüdersdorfer Straße.

Blick vom Küstriner Platz/Ecke Fruchtstraße in die am 9. Februar 1864 benannte Rüdersdorfer Straße. Bereits seit dem 17. Jahrhundert wurde in den Rüdersdorfer Kalkbergen östlich von Berlin Muschelkalk zur Herstellung von Zement abgebaut. Auf dem Wasserweg wurde der wichtige Rohstoff in die Neubaugebiete der wachsenden Weltstadt Berlin geliefert. Die Aufnahme entstand in den 1910er-Jahren.

Nördlich der Großen Frankfurter Straße verengt sich die Fruchtstraße in ihrem Verlauf. An dieser Stelle entstanden um 1903 zwei prächtige Wohn- und Geschäftshäuser mit opulenten und weit sichtbaren Dachkuppeln. Auf dem um 1944 gemachten Foto sind die enormen Schäden der Metallabdeckung und der Holzkonstruktionen zu erkennen, verursacht durch den Druck von Sprengbomben. Am Kriegsende waren beide Gebäude gänzlich zerstört.

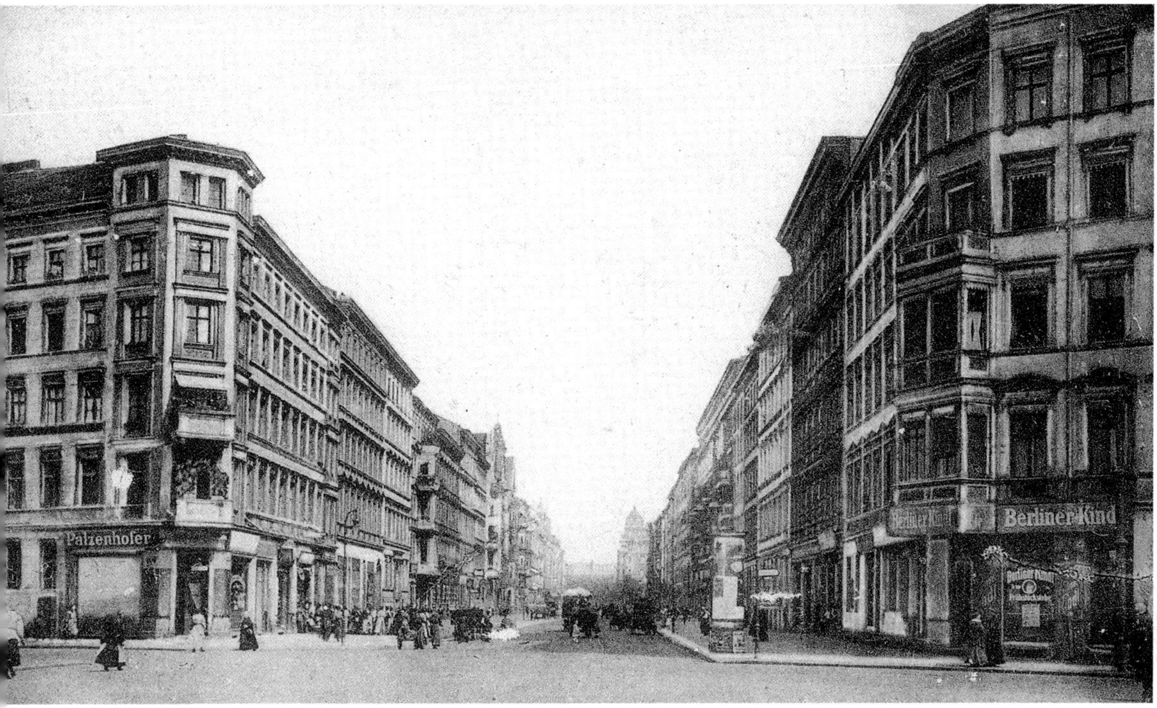

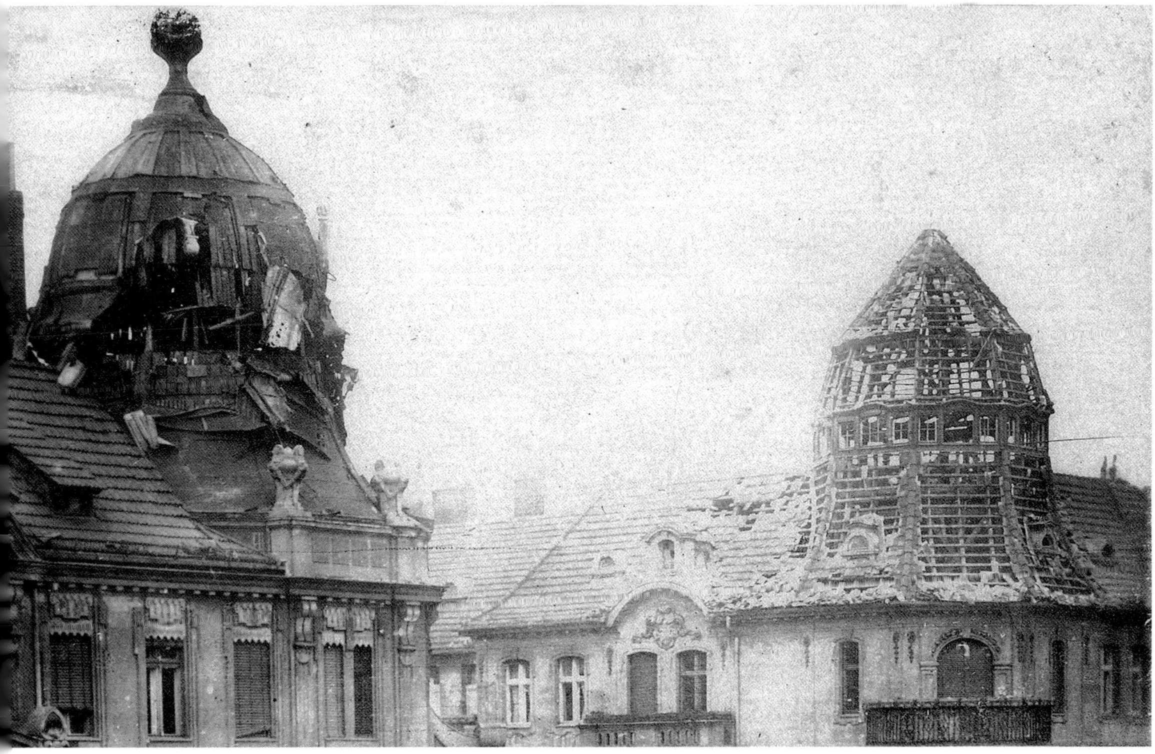

◄ Das Stadtquartier nördlich des Schlesischen Bahnhofs um die Müncheberger Straße auf einem Foto von 1935. An der Gaslaterne befindet sich eine Werbetafel für das Bestattungsinstitut von Ludwig Misch, der sein Geschäft in der Müncheberger Straße 1/Ecke Fruchtstraße hatte. Links das Restaurant „Zum ersten Ehestands-Schoppen“, ein Ausschank der Engelhardt-Brauerei. Davor stand eine große Gruppe Soldaten der deutschen Wehrmacht.

Im umgebauten alten Ostbahnhof am Küstriner Platz eröffnete am 1. Februar 1929 das „Varieté Plaza“. Täglich fanden zwei und an den Wochenenden drei Veranstaltungen statt. In dieser Revue schreiten die Tänzerinnen harmonisch in einer Reihe mit ihren weiten, weißen Kleidern eine Bühnentreppe hinunter. „Das Theater der 3000“ bot 2.940 Zuschauern auf dem Parkett und dem weitläufigen Rang Platz. Nach erheblichen Kriegsschäden wurde es 1952 abgerissen.

◄ Nördlich des Schlesischen und Wriezener Bahnhofs befand sich das in geschlossener Bauweise aus der zweiten Bauphase Berlins heraus entstandene Wohngebiet der Friedrichsfelder Straße (Wriezener Karree). Der einheitliche Stil der Gründerzeit ohne Balkone lässt vermuten, dass es um 1875 errichtet wurde. Hier schweift der Blick anno 1911 zum Küstriner Platz, seit 1972 Franz-Mehring-Platz. Trotz geringer Kriegszerstörungen wurden alle Gebäude bis 1980 planiert.

Rund um den Schlesischen Bahnhof war die Kriminalität immer besonders hoch. Häufig wurden Menschen, die vom Land in die Weltstadt Berlin kamen, beraubt oder sogar ermordet. Der Berliner Polizeipräsident Guido von Madai (1810–1892) amtierte von 1872 bis 1885 mit harter Hand und ohne Gnade, um die Straßen der Gegend vor zwiespältigen Gaunern und Ganoven sicherer zu machen. Nach ihm war hier eine Straße benannt.

Die Rüdiger & Weidt KG mit Sitz in der Erich-Steinfurth-Straße 14 (nahe Koppenstraße) in 1017 Berlin war auch unter dem Namen „Tischlereibedarfshaus Ost" bekannt. Das um 1968 entstandene Foto zeigt einen Transportwagen der Firma, der auch mit einem tragbaren Feuerlöscher bestückt war. Ab 1965 waren in der DDR die vierstelligen Postleitzahlen eingeführt worden. Die 10 stand für Berlin und die 17 war vom einstigen Zustellbezirk O17 entlehnt.

Blick von der Ecke Madaistraße in die Fruchtstraße (seit 1971 Straße der Pariser Kommune) in Richtung Küstriner Platz anno 1913. Rechts sind Bauten des Wriezener Bahnhofs zu sehen. Keines der abgebildeten Gebäude ist heute mehr erhalten. Die Maidaistraße heißt seit dem 27. Juli 1962 Erich-Steinfurth-Straße. Hier findet jeden Sonntag der beliebte Flohmarkt am Ostbahnhof statt. Erich Steinfurth (1896–1934) war KPD-Politiker im Preußischen Landtag und NS-Widerstandkämpfer.

POST

BERLIN OSTBAHNHOF
S-BAHN RICHTUNG WESTEN

◀ Das Postdienstgebäude des Zustellbezirks O17 in der Fruchtstraße 8 (heute Straße der Pariser Kommune) am Schlesischen Bahnhof auf einer Aufnahme um 1935. Zusammen mit den rückwärtigen Gebäuden des Postbahnhofs war es von 1906 bis 1908 unter Federführung von Wilhelm Tuckermann in märkischer Backsteingotik errichtet worden. Im Zweiten Weltkrieg stark beschädigt, wurden die Reste in den 1990er-Jahren beseitigt.

Auf dem weitläufigen Gelände der Mühlenstraße 8 nahe Warschauer Straße befand sich die Kohlenhandlung von Otto Behrend. Diese Fotografie entstand 1920 im hinteren Hof. Mit dem von zwei Pferden gezogenen Wagen wurde das „schwarze Gold“ zu den Kunden geliefert. Die Mühlenstraße erhielt um 1786 ihren Namen. Hier befand sich bereits in der ersten Hälfte des 18. Jahrhundert eine kurfürstliche Windmühle. Mühlenbesitzer Peter Zeemann ließ später noch zwei weitere errichten.

Anlässlich des 60. Jubiläums der S-Bahn entstand dieses Foto im Jahre 1984 im Ostbahnhof. Der Fernbahnhof (Schlesischer Bahnhof) war 1842 erbaut und 1880 für die Stadtbahn erweitert worden. Etwas höhnisch und verwirrend war das Hinweisschild mit der Aufschrift „S-Bahn Richtung Westen“. Zu dieser Zeit endeten noch die Fahrten für die meisten DDR-Bürger spätestens in der Friedrichstraße.

Zwischen Schillingbrücke und Stralauer Platz befand sich am Spreeufer die 1. Städtische Gasanstalt Berlins. Auf Initiative von Rudolf Sigismund Blochmann wurde das Werk von 1845 bis 1847 errichtet, um mithilfe der Kohlevergasung die öffentliche Straßenbeleuchtung zu betreiben. Am 29. März 1899 wurde das Gaswerk mit seinen beiden Gasometern stillgelegt und ab 1901 abgebrochen. Links auf dem um 1890 entstandenen Foto ist die Andreaskirche mit davorliegenden Marktständen zu sehen.

Die um 1705 benannte Koppens-Gasse, vermutlich seit 1840 Koppenstraße, erhielt ihren Namen nach dem Stadthauptmann und Ratsmann Christian Koppe (16??–1721). Er stiftete um 1708 das nach ihm benannte Armenhaus, das sich in der Arme-Sünder-Gasse (heute Auguststraße) befand. Auf seinen Wunsch hin ruht er im Koppengrab am Koppenplatz in Berlin-Mitte. Diese frühe, um 1875 entstandene Fotografie zeigt die Bebauung an der Koppenstraße 94 (später 101)/Ecke Stralauer Platz gegenüber der Andreaskirche. Der Kaufmann Hermann Wegener hatte hier eine Zigarrenhandlung.

Die Schillingbrücke über die Spree und als Zwillingsbrücke über den Luisenstädtischen Kanal (1926 zugeschüttet) entstand unter dem Stadtinspektor Heinrich Seek mit Reliefs von Emil Hundrieser von 1870 bis 1874. Sie wurde als eine der wenigen Innenstadtspreebrücken 1945 nicht gesprengt. Links oben die evangelische Andreaskirche um 1900, die 1852 bis 1856 durch Johann Heinrich Strack auf dem Stralauer Platz errichtet worden war.

Zwei Soldaten der Roten Armee pausierten in der Andreasstraße am Stralauer Platz vor der Ruine der Handwerksschule im Sommer 1945. Besonders die Stralauer Vorstadt hatte sich zum Ende des 19. Jahrhunderts zu einem der führenden Standorte des Berliner Handwerks entwickelt. Nach Plänen von Ludwig Hoffmann unter Mitwirkung des Bildhauers Otto Lessing wurde die Lehranstalt von 1899 bis 1903 errichtet.

Urgemütlich ging es im Buffetraum des Schultheiss-Ausschanks an der Ecke An der Schillingbrücke 1 und Holzmarktstraße am Stralauer Platz zu. Zum Zeitpunkt der Aufnahme, im Jahre 1902, empfing der Gastwirt Johann Paul seine Gäste. Im Nachbarhaus Nr. 2 an der Spree befand sich die Volksbadeanstalt, die ab 1933 bis zur Zerstörung den Namen „Stadtbad Horst Wessel" trug.

In den unter der Bauleitung der Königlichen Direktion der Berliner Stadteisenbahn Ernst Dircksen 1882 fertiggestellten Stadtbahnbögen nahe dem Schlesischen Bahnhof befand sich in der Andreasstraße 6 das „Alhambra"-Restaurant von Julius Kunisch. Das Innere wurde im maurischen Stil mit gotischen Fenstern und Mobiliar gestaltet und lud zum gemütlichen Verweilen ein. Die Aufnahme entstand 1911.

Betriebshaltestelle
Nicht einsteigen!

Im Hofgebäude Andreasstraße 40 befand sich das Großhandelshaus von F.O. Rauch (Inhaber Otto und Hermann Rauch), auch „Rauchs Hof" genannt, das Zündhölzer und Haushaltsbedarfsartikel führte. Das Foto von 1920 zeigt die Vielfalt der hergestellten Zündstäbchen. Die Entfachung des Feuers erfolgt durch Reibkontakt des an einem paraffingetränkten Espenholzstäbchen befindlichen Zündkopfes, der u. a. Schwefel und Kaliumchlorat enthält, mit rotem Phosphor.

Ein großes Sortiment verschiedenster Küchengeräte hielt der Kaufmann Karl Rockstroh in seinem Geschäft im Grünen Weg 42 nahe der Koppenstraße vor. Das Foto mit der Ladenansicht und einem Dreirad davor entstand 1907. Zu Ehren des Damenmantelfabrikanten und Sozialdemokraten Paul Singer (1844–1911) wurde der Grüne Weg erstmals von 1926 bis 1933 (Paul-Singer-Straße) sowie erneut ab 1947 (Singerstraße) umbenannt.

Durch Zusammenschluss der Magdeburger Firma R. Mertens & Co. und der Jaenicke Chocoladen- und Zuckerwarenfabrik entstand 1888 die Firma „Mundi“, ein Konstrukt aus den Namen Mertens und Jaenicke. Erfolgreich produzierten H.E. Mertens und Wilhelm Jaenicke Zuckerwaren, wie Schweizer Bonbons, englische Rocks und russische Drops, Konfitüren, Schokolade und Marzipan. Zum Zeitpunkt der Aufnahme, im Jahre 1891, befand sich die Fabrik in der Markusstraße 44a. Erst 1897 zog sie in die Koloniestraße 133–136 am Gesundbrunnen, wo sie bis Anfang der 1980er-Jahre bestand.

Bereits seit dem 16. Jahrhundert gibt es diesen Weg, der am 7. März 1861 den Namen Lange Straße erhielt. Sie begann einst in der Nähe der Michaelbrücke und endete in der Fruchtstraße (Straße der Pariser Kommune). Hier geht der Blick anno 1904 nach Westen zur nächsten Kreuzung an der Andreasstraße. Das links zu sehende Schulgebäude (Lange Straße 31) gehörte einst zum Andreas-Realgymnasium. Im Nebenhaus befand sich die Gastwirtschaft von Paule Paul.

Blick aus einem Fenster eines Fernzuges auf der Stadtbahn hinter dem Bahnhof Jannowitzbrücke auf die Michaelbrücke um 1900. Die Bogenfachwerkbrücke wurde bei einer Spreebreite von 62 Metern 1876 gebaut. Die Finanzierung erfolgte als Baukostenteilung durch die Stadt Berlin (Berolina) und den preußischen Staat (Borussia). Nach Sprengung des südlichen Brückenbogens 1945 wurde das Bauwerk provisorisch ergänzt und von 1993 bis 1995 neu errichtet.

4. Vom Oberbaum zum Rudolfviertel

Der Oberbaum als Teil der Akzisemauer war ab 1724 eine nachts geschlossene, hölzerne Zollschranke für Handelsschiffe auf der stadteinwärts strömenden Spree. Anlässlich der Berliner Gewerbeausstellung im Treptower Park entstand 1892 bis 1896 an dieser Stelle die 150 Meter lange Oberbaumbrücke als prächtiger, roter Backsteinbau mit zwei Türmen, erdacht durch Otto Stahn. Hier der Blick anno 1903 von der Ecke Mühlenstraße in Richtung Luisenstadt (heute Kreuzberg).

Unweit des Hochbahnhofs Stralauer Tor befand sich in der Warschauer Straße 46 nahe der Mühlenstraße die Gastwirtschaft von Adolf Grundmann. Auf dem sehr breiten Gehweg lud der schön gestaltete Schankgarten zum Verweilen ein. Sicherlich war um 1903 der Verkehr vor der Lokalität noch ruhig und beschaulich. Das Gebäude besteht mit geglätteter Fassade noch heute.

Der Hochbahnhof Warschauer Brücke kurz nach der Inbetriebnahme am 17. August 1902. Im Auftrag von Siemens & Halske errichtete Paul Wittig die Station und das Treppenhaus zum darunterliegenden Warschauer Platz. Aufgrund steigender Fahrgastzahlen baute der Architekt die Bahnhofshalle bereits von 1905 bis 1907 um. Mit dem Mauerbau 1961 endete hier der Betrieb. Nach der Wende wurde der Bahnhof am 14. Oktober 1995 unter dem Namen Warschauer Straße wiedereröffnet.

Ein Anziehungsmagnet an der Warschauer Brücke war das Café „Komet“ in der Warschauer Straße 33/Ecke Memeler Straße 1 (heute Marchlewskistraße 111). Die Lokalität nahm zwei Etagen des Hotel- und Geschäftshauses ein. Zum Zeitpunkt der Aufnahme 1926 logierte und bewirtete Oswald Bartzsch seine Gäste. Den Zweiten Weltkrieg mit geringen Schäden überstanden, ist das heute äußerlich veränderte Gebäude noch immer ein Blickpunkt der Gegend.

In diesem um 1901 errichteten Fabrikgebäude im Hof der Warschauer Straße 57 nahe der Revaler Straße befand sich die Salvator Druckerei und Verlag GmbH. Hier entstanden kirchliche Bücher der Salvatorianer, die eine „Gesellschaft des göttlichen Handelns" sind. Die Aufnahme des heute noch vorhandenen Gebäudes entstand um 1939.

Die Höhere Weberschule zwischen dem Warschauer Platz 6–8 (Bild) und der Naglerstraße 19–21 entstand als Vierflügelanlage 1912–14. Geplant wurde der rot verklinkerte Backsteinbau mit Mansarddach als Fachschule für die Textil- und Bekleidungsindustrie durch Ludwig Hoffmann unter Mitwirkung der Herren Matzdorff, Gerecke, Herold und Mettke vom Berliner Hochbauamt.

Der direkt an der 170 Meter breiten Spree mit einer 1,4 Kilometer langen Kaimauer gelegene Osthafen wurde am 28. September 1913 mit Güterbahnanschluss eröffnet. Im Auftrag der städtischen Berliner Hallen- und Lagerhausgesellschaft übernahm der Berliner Stadtbaurat für Tiefbau, Friedrich Krause, die Leitung. Als Stahlskelettbau wurde auch der große Osthafenspeicher im neoklassizistischen Stil errichtet, der hier mit einem Ausflugsdampfer anno 1917 zu sehen ist.

Das „Osthafen-Restaurant“ an der Ecke Stralauer Allee und Naglerstraße im Jahre 1912. Zu jener Zeit war Philipp Becker hier Gastwirt. Die Straße 46 der Abteilung XIV des Berliner Bebauungsplans wurde am 28. November 1900 nach dem Politiker und Staatsminister Carl Ferdinand Friedrich von Nagler (1770–1846) benannt. Er gilt auch als Begründer des modernen Postwesens.

Der Berliner Verleger Friedrich Nicolai (1733–1811) beschrieb 1786 die Uferstraße an der Spree mit den Worten: „Vor dem Stralauer Tore führt ein Damm mit einer angenehmen Allee besetzt, bis nach Stralau.“ Auch auf der Aufnahme von 1921 wirkt die Stralauer Allee noch recht beschaulich. Rechts in der Caprivistraße (seit 1951 Danneckerstraße) befindet sich eine typische Berliner Straßenpumpe. Im Hintergrund ist der Turm der Zwinglikirche erkennbar.

Eine sehr aufwendige Fassadengestaltung hatte das Mietshaus Bödikerstraße 4. Um 1910 befanden sich hier die „Älteste Besohl- und Reparaturwerkstatt des Ostens“ vom Schuhmacher Johann Hartmann sowie die Grünkram- und Kolonialwarenhandlung „Zur Bödiker Markthalle“ von Albert Kehrberg. Anton, genannt Tonio, Bödiker (1843–1907) war Präsident des Reichsversicherungsamtes und Vorsitzender des Vorstands der Siemens & Halske AG.

Blick vom Markgrafendamm auf das Kraftwerk des Osthafens und den rechts zu sehenden Lokschuppen um 1916. Damals war die jenseits der Spree liegende Treptower Uferseite nur über den Stralauer Tunnel oder mit der Ringbahn zu erreichen. Für Fußgänger wurde an der Eisenbahnbrücke erst 1914 ein Holzsteg zur Überquerung angebaut. Vermutlich wird das unter Denkmal stehende Maschinenhaus dem 17. Ausbau der Berliner Stadtautobahn weichen müssen.

Sehr appetitlich wurden die mit Nitritsalz gepökelten Schweinekeulen sowie weitere Fleisch- und Wurstwaren im Schaufenster präsentiert. Durch diese Art der Konservierung mussten die Produkte nicht gekühlt werden. Das Geschäft in der Markgrafenstraße 7 gehörte dem Fleischermeister Otto Güldemeister, der hier mit seiner Belegschaft im Jahre 1909 fotografiert wurde.

Blick in den Altarraum der am 9. Februar 1908 geweihten evangelischen Zwinglikirche am Rudolfplatz. Die Gemeinde spaltete sich 1897 von der Andreaskirche ab. Die Entwürfe zum neuen Gotteshaus stammten vom Baurat Jürgen Kröger. Unter Verwendung von märkisch-roten Backsteinen wurde sie mit einem 81 Meter hohen Glockenturm im neugotischen Stil errichtet. Namenspatron ist der Schweizer Reformator Huldrych Zwingli (1484–1531).

Mit imposanter, feingliedriger Stuckarchitektur präsentiert sich das 1904 erbaute Eckhaus Rudolfstraße 12, heute zur Lehmbruckstraße 1, das wie seine Nachbargebäude von Sigismund Koch stammen. In der Architektur wählte er hier jedoch nicht, wie sonst üblich, die Mischung aus verputzten Flächen mit roten Sichtbacksteinen. Sämtliche Dachaufbauten gingen verloren. Direkt an der Zwinglikirche steht das 1927/28 von Bruno Buch errichtete Gemeindehaus im expressionistischen Stil.

Der Rudolfkiez ist das Friedrichshainer Stadtquartier, das umgeben ist von Bahntrassen sowie der Spree und dessen zentraler Ort der 1896 benannte Rudolfplatz ist. Auf dem um 1905 entstandenen Bild ist am linken Rand die am 2. Dezember 1900 geweihte Kapelle für die Zwingli-Gemeinde zu sehen. Nach Fertigstellung des Neubaus wurde das hölzerne Gotteshaus 1912 auf dem Ostfriedhof Ahrensfelde umgesetzt. Namensgeber Rudolf von Stralow lebte im 13. Jahrhundert und war Grundbesitzer des Fischerdorfs Stralau.

5. Friedrichsberg und Boxhagen

Die Frankfurter Allee zwischen Kreutziger- und Niederbarnimstraße in Blickrichtung zum Alexanderplatz anno 1913. Links in der Kreutzigerstraße 1 befand sich die Großdestillation und Weinhandlung von Karl Kuhle. Nach dem Gärtnereibesitzer Julius Ludwig Kreutziger (1826–1874) wurde die heute nicht mehr bis hier durchgehende Straße benannt. Spätestens in den letzten Kriegstagen wurden noch die Reste der Geschäftshäuser im Straßenkampf zerstört.

Vermutlich nach dem sonntäglichen Kirchgang entstand dieses Porträtbild im fotografischen Atelier von Emil Beß in der Kreutzigerstraße 14–15 nahe der Boxhagener Straße. Seine lichtdurchfluteten Räumlichkeiten in der vierten Etage waren täglich von 8 bis 18 Uhr geöffnet. Der mit hoch sitzendem Kragen und akkurat gebundener Fliege gekleidete junge Mann hielt während der Aufnahme 1908 Hut und Spazierstock in der Hand.

Traurige Berühmtheit erlangte die sonst so friedlich wirkende Mainzer Straße in Friedrichshain während der tagelangen Straßenschlachten im November 1990. Zahlreiche für den Abriss vorgesehene, besetzte Gebäude sollten durch die in Berlin bisher massivsten Polizeieinsätze geräumt werden. In Zeiten größter Wohnungsnot führte dieses Ereignis zum Bruch der Berliner Regierungskoalition zwischen der SPD und der Alternativen Liste. Hier der Blick von der Frankfurter Allee um 1920. ▼

Anlässlich der Olympischen Spiele 1936 in Berlin wurde auch dieses Geschäfts- und Wohnhaus in der Frankfurter Allee 56 im damaligen Zeitgeschmack dekoriert. Hier befanden sich u. a. das Teppich- und Textilgeschäft von Paul Adam sowie eine Filiale der Süßwarenhandlung von Arthur Bleck. Das Gebäude zwischen Kreutzigerstraße und Mainzer Straße wurde im Zweiten Weltkrieg zerstört.

Ansicht des Hauses Blumenthalstraße 37 anno 1914. Hier befand sich die Gastwirtschaft von Max Brandt. Nach dem Militär Carl Constantin Albrecht Leonard Graf von Blumenthal (1810–1900), der in den Kriegen 1866 und 1870/71 Generalstabschef der Armee des Kronprinzen Friedrich von Preußen war, wurde die Straße am 6. Dezember 1874 benannt. Seit 1939 heißt sie Kinzigstraße. Die Kinzig ist ein rechter Nebenfluss des Rheins in Hessen.

Vier Altbauten in der Frankfurter Allee zwischen der Finow- und der Jungstraße sind heute noch erhalten. Die Friedrichsberger Bank ließ sich um 1905 durch den Architekten Paul Jatzow das links zu sehende Eckhaus (Nr. 84) mit größtem Repräsentationsanspruch errichten. Mit Rustika-Werkstein wurde das Sockelgeschoss gestaltet. Die Ecke zur Finowstraße 1 erhielt akzentuierende Lisenen. Die Aufnahme mit den Pferdegespannen und der bepflanzten Mittelpromenade ist von 1916.

Am 13. September 1905 erhielt die Finowstraße den Namen eines linken Nebenflusses der Oder in Brandenburg. Auf der Ansicht von 1925 ist in der Finowstraße 19/Ecke Weserstraße 17 die Schultheiss-Gastwirtschaft von Franz Knabe zu sehen. In Richtung zur Frankfurter Allee knickt der Straßenverlauf hinter der Scharnweberstraße nach links ab. Das rechte Eckhaus, Finowstraße 20, wurde im Zweiten Weltkrieg zerstört.

Das Haus Weichselstraße 5 nahe der Frankfurter Allee wurde 1909 durch die Architekten Georg Lauenstein und Heinrich Duch erbaut, es ist hier 1915 zu sehen. Pianist Reinhard Klein vermittelte in einer Wohnung die theoretischen Grundlagen des Klavierspiels. Im Erdgeschoss befanden sich das Reformhaus „Weißer Hirsch“ von Alfred Krakewitz und die Schneiderei von Ferdinand Dittmann. Nach dem 1.068 Kilometer langen, polnischen Hauptstrom wurde die Weichselstraße am 13. September 1905 benannt.

Auch die besser begüterten Berliner und Geschäftsleute haben sich nach und nach an der Ausfallstraße nach Frankfurt/Oder niedergelassen. Entlang des Friedrichshainer Boulevards war nach 1900 eine rege Abrisswelle und neue Bautätigkeit festzustellen, wie hier an der Ecke zur Weichselstraße um 1911. Diese wirkungsvollen Bauten haben die Bombardierungen und die bereits aussichtslosen Straßenkämpfe in Berlin nicht überstanden.

Hier schweift der Blick von der Frankfurter Allee in die Müggelstraße mit der hinten querenden Schwarnweberstraße anno 1916. Paarweise wurden einst die heute nicht mehr erhaltenen Wohn- und Geschäftshäuser an der Friedrichshainer Prachtstraße errichtet. Einen Straßenzugang gibt es hier heutzutage nicht mehr. 1905 wurde die Straße nach dem Großen Müggelsee benannt.

Heute kaum wiederzuerkennen ist das Wohnhaus Scharnweberstraße 56/Ecke Müggelstraße 25/25a im Jahre 1936. Zwar blieb der fünfgeschossige Korpus des Gebäudes erhalten, jedoch sind alle Erker und die Dachaufbauten nicht mehr vorhanden. Die Balkone wurden teilweise umgesetzt und erneuert. Rechts schweift der Blick auf das Eckhaus mit seinem Turm zur Travestraße am gleichnamigen Platz.

Blick von der Kronprinzenstraße in die Scharnweberstraße zur Mauritiuskirche hinter der Ringbahn in Lichtenberg um 1912. Zu Ehren des Theater- und Filmregisseurs Leopold Jessner (1878–1945) wurde die Kronprinzenstraße 1951 umbenannt. Er gilt als bedeutender Vertreter des Bühnenexpressionismus, bekannt ist seine Stufenbühne „Jessnersche Treppe“. Er inszenierte in den 1920er-Jahren das politische Kabarett am Berliner Staatstheater.

An der entwidmeten Boxhagener Straße 131 (heute Hildegard-Jadamowitz-Straße 25) befindet sich die katholische Kirche St. Nikolaus nebst Gemeindehaus. Hier der Blick von der Kadiner Straße um 1938. Patron ist der heilige Nikolaus von Myra. Ansässig war auch das Konvent der Grauen Schwestern zur heiligen Elisabeth. Nach massiven Kriegszerstörungen sind heute nur noch der Kirchensockel sowie die beiden unteren Etagen des Gemeindehauses erhalten.

Am 4. Juli 1904 wurde die Libauer Straße nach der lettischen Handels- und Hafenstadt an der Ostsee benannt. Hier der Blick von der Kopernikusstraße im Jahre 1925, benannt nach dem Astronomen und Mathematiker Nikolaus Kopernikus (1473–1543). Im heute nicht mehr vorhandenen Gebäude Libauer Straße 22 war das Geschäft des Drogisten Friedrich Schlusnus untergebracht.

Das Farben- und Tapetengeschäft von Ernst Nogatz befand sich in der Simon-Dach-Straße 33 nahe der Simplon- und Wühlischstraße, um 1930. Der nicht zu sehende linke Teil des Gebäudes wurde im Zweiten Weltkrieg zerstört. Am 22. August 1903 erhielt die Straße den Namen des samländischen Dichters Simon Dach (1605–1659), dessen Verse „Ännchen von Tharau“, übersetzt von J.H. Herder ins Hochdeutsche, auf eine Melodie von 1827 von F. Silcher vertont wurde.

Noch mit alter Fassadenpracht präsentiert sich das Gebäude Simon-Dach-Straße 8 um 1910. Seinerzeit befanden sich hier die Geschäfte des Friseurs Johannes Alex und des Schneidermeisters Fritz Merker. In der dritten Etage hatte der Malermeister Sylvester Markiewicz seine Räumlichkeiten. Eigentümer des Hauses war der Molkereibesitzer August Pyrow.

Nach der Kreisstadt Dirschau an der Weichsel in der ehemaligen Provinz Westpreußen im Regierungsbezirk Danzig wurde die Dirschauer Straße am 28. Juni 1907 benannt. Das Foto aus der Zeit um 1920 zeigt den Blick von der Simplonstraße über die zahlreichen Bahngleise auf die Zwinglikirche am Rudolfplatz im Hintergrund.

Der in der Boxhagener Chaussee 5–6 (Boxhagener Straße 37) wohnende Bürovorsteher Hermann Schmidt (Bildmitte) war Stammgast im gegenüberliegenden „Wirtshaus zum Hackepeter“ in der Gärtnerstraße 20. Heinrich Witzenhausen und seine Frau führten die Lokalität um 1912. Besondere Spezialität war Steinhäger, eine mit Wacholder aromatisierte Spirituose, die in einer „Kruke“ abgefüllt serviert wurde.

Gegenüber dem 1867 angelegten Friedhof der Parochial-Kirchengemeinde (heute Georgen-Parochial-Friedhof IV) befand sich in der Boxhagener Straße 34 das Blumengeschäft von Agnes Neumann. Vermutlich entstand das Foto im Gedenk- und Trauermonat November des Jahres 1938, weil sich zahlreiche Kränze und Kreuze in der Auslage befanden.

Die Aufnahme des prächtigen Mietshauses Wühlischstraße 20–21/Ecke Seumestraße 26 entstand 1908. David August Wühlisch (1805–1886) war Kaufmann für Wollwaren und Grundbesitzer. Durch seine Mutter gehörte er zum Familienzweig der Sonntagschen Erben, auf deren Geheiß das Boxhagener Vorwerk angelegt wurde. Links zu sehen ist das Gebäude Gärtnerstraße 25/Ecke Krossener Straße 34. Allen Eckhäusern fehlen heute die Turmaufbauten.

Die rund 150 Meter lange Knorrpromenade wird erstmals 1912 im Berliner Adressbuch geführt. Die alleeartig angelegte Wohnstraße mit ihren prächtigen Eingangsportalen an beiden Straßenenden wurde von 1911 bis 1913 von der Friedrichsberger Bank für wohlhabende Bürger errichtet. Hier der Blick von der Wühlischstraße zur Krossener Straße um 1915.

Von der dreieckigen Grünanlage an der Boxhagener Straße aus entstand diese Aufnahme von der Bebauung an der Gryphiusstraße/Ecke Krossener Straße im Jahre 1917. Sämtliche Häuser sind heute noch erhalten, jedoch fehlen der Fassadenstuck und die Eckturmaufbauten. Nach der ehemaligen brandenburgischen Kreisstadt Crossen am Zusammenfluss von Bober und Oder erhielt die Straße 1902 ihren Namen.

Blick von der querenden Gryphiusstraße in die Wühlischstraße anno 1928. Auf der rechten Seite ist die nächste Straßenecke die Knorrpromenade. Nach dem Glogauer Dichter Andreas Gryphius (1616–1664), der eigentlich Andreas von Greif hieß, wurde die Straße 1903 benannt. Bis 1910 war die Bebauung dieses Quartiers, das seinerzeit noch zu Lichtenberg gehörte, größtenteils abgeschlossen.

In eindrucksvoller Architektur präsentiert sich das Wohn- und Geschäftshaus Boxhagener Straße 68–69/Ecke Neue Bahnhofstraße 26a. Zum Zeitpunkt der Aufnahme im Jahre 1911 befand sich an der Ecke eine Filiale der Kaisers Kaffee-Geschäft AG. Während des Zweiten Weltkriegs wurde ein Teil des Gebäudes in der Neuen Bahnhofstraße zerstört. Auch der Eckturm ist heute so nicht mehr vorhanden.

Blick von der Lenbachstraße auf die Straßengablung Wühlischstraße und Boxhagener Straße um 1925. Das Eckhaus mit seiner einst vorhandenen opulenten Kuppel ist heute noch weitestgehend erhalten. Auf dem rechts zu sehenden weitläufigen Gelände in der Boxhagener Straße befanden sich die Deutsche Kabelwerke AG und die Cyklon-Maschinenfabrik, die Motorräder und Automobile produzierte.

Idyllisch wirkt die komplett bebaute und mit Bäumen reich ausgestattete Gürtelstraße im Jahre 1925. Die bereits 1862 im Hobrecht'schen Bebauungsplan projektierte Ringstraße soll zusammen mit der Neuen Bahnhofstraße durch einen doppelstöckigen Tunnel mit je drei Spuren pro Fahrtrichtung für den Berliner Autobahnring (A100) zwischen dem Bahnhof Ostkreuz und kurz vor der Frankfurter Allee im 17. Ausbauschritt der Berliner Stadtautobahn unterquert entstehen.

Als „Tonne“ wurde die schwere, steinerne Ringbahnbrücke, die bis 1934 über die Boxhagener Straße ging, im Volksmund genannt. Sie wies nur eine mittige Durchfahrtshöhe von 3,90 Metern auf. Aufgrund des unvorteilhaften Baus gab es nur ein Durchfahrtsgleis für die Straßenbahnlinie 76, die zwischen Lichtenberg/Gudrunstraße und Hundekehle in Grunewald verkehrte.

Ein Polizist überwacht 1933 die Kreuzung Boxhagener Straße und Neue Bahnhofstraße. Links sieht man die Boxhagener Straße 66, wo sich seinerzeit die Gastwirtschaft von Adolf Matz befand. Im rechten Nachbarhaus Nr. 64/65 verkaufte die Bäckerei von Georg Günzel auch Eis. Hinter der Ringbahn ist das Gebäude Hirschberger Straße/Ecke Marktstraße in Lichtenberg zu sehen.

Die Aufnahme von 1914 zeigt den Blick vom Bahnhof Stralau-Rummelsburg (heute Ostkreuz) durch die Neue Bahnhofstraße in Richtung Boxhagener Straße. Am 18. September 2010 wurde der vorn angrenzende Platz nach der einst hier lebenden Malerin und Grafikerin Annemirl Bauer (1939–1989) benannt. Die Maueröffnung erlebte die DDR-Regimegegnerin aufgrund ihres Krebsleidens nicht mehr.

An den Gleisen der 1842 eröffneten Schlesischen Bahn und der dazu parallel verlaufenden Preußischen Ostbahn 1867 entstand mit der 1871 eröffneten Ringbahn der seit 15. März 1933 benannte Bahnhof Ostkreuz. Er ist der meistfrequentierte Umsteigebahnhof Berlins. Der Fotograf blickte um 1930 vom Ringbahnsteig auf die nicht mehr vorhandene Bebauung des heutigen Annemirl-Bauer-Platzes. Seinerzeit hieß die Station noch Stralau-Rummelsburg.

6. Stralau und der Fischzug

Diese Mehrbildansichtskarte mit Abbildungen der Stralauer Sehenswürdigkeiten wurde 1899 versandt. Hierauf sieht man die Dorfkirche, die Liebesinsel, den Spreetunnel und rechts oben das Post- und Telegrafenamt, das sich ebenso wie die Feuerwache der Freiwilligen Feuerwehr auf dem Grundstück Alt-Stralau 54–55 befand. Das Fischerdorf „Stralow" war im 13. Jahrhundert erstmals erwähnt worden. Somit ist es der älteste Siedlungskern in Friedrichshain.

Wie ein gekrümmter linker Zeigefinger erstreckt sich die rund 112 Hektar große Halbinsel Stralau entlang der Spree und der Rummelsburger Bucht. Diese romantisch wirkende Fotografie von der Landzunge aus 300 Metern Höhe, mit einem Zeppelin in Flugrichtung Johannisthal aufgenommen, entstand Ende der 1910er-Jahre. Links ist das Lichtenberger Ufer (Ortsteil Rummelsburg) und rechts das Treptower Ufer mit der Abteiinsel (seit 1949 Insel der Jugend) zu sehen.

Zur Liebesinsel im Rummelsburger See gab es eine ständige Fährverbindung. Hier der Bootsanlegesteg in Stralau mit Blick auf das nur 940 Quadratmeter große Eiland anno 1910. Von 1880 bis 1908 betrieb Oswald Ernst das dort ansässige Inselrestaurant. Einer seiner Gäste war der Komponist und Theaterkapellmeister Paul Lincke, der im Lied „Ich weiß ein stilles Plätzchen“ mit dem Refrain „Nach der Liebesinsel lasst uns gehen“ seine Begeisterung für den Ort ausdrückte.

In der Tunnelstraße 38 befand sich von 1888 bis 1943 die berühmte Werft des Stralauer Bootsbauermeisters Wilhelm Deutsch und seiner Familie, hier um 1930. Auf dem 100 Meter langen Grundstück zum Rummelsburger See gab es u. a. ein 1898 errichtetes Mietshaus, in dem auch der Pfarrer Robert Zastrow (1877–1932) wohnte, der 25 Jahre lang in der Stralauer Dorfkirche predigte. Zudem hatte sich hier in den 1900er-Jahren die Berliner Privat-Ruder-Vereinigung niedergelassen.

Die Dorfkirche Stralau ist mit ihren Grundmauern von 1459 das älteste Gebäude in Friedrichshain. Das 1464 geweihte Gotteshaus sieht man hier auf einer Aufnahme von 1906. Der Turm entstand 1823/24 nach Entwürfen von Friedrich Wilhelm Langerhans neu. 1895 wurde auch der Haupteingang hierher verlegt. Durch Erschütterungen während des Zweiten Weltkrieges neigte sich der mächtige Turm um fünf Prozent und gilt als der schiefe Turm Berlins.

Trockenen Fußes konnte man bis 1932 mit der Straßenbahn durch den 454 Meter langen und 15 Meter unter der Spree gelegenen Tunnel von Treptow auf die Halbinsel Stralau gelangen. Die Verbindung war von 1895 bis 1899 als Röhre für die Knüppelbahn mit einem Durchmesser von 3,75 Metern entstanden. Besonders im Vollmondschein zeigt sich Stralau von seiner romantischen und beschaulichen Seite. Diese kolorierte Ansichtskarte wurde um 1910 versandt.

Eine Institution in Stralau war das Wirtshaus in Alt-Stralau 22 an der Spree, geführt vom Fischereibesitzer, Maler und Gastwirt Julius Tübbecke (1824–1911). Hier verfasste Heinrich Zille den Roman „Die Nebelkrähe", der auch die Lokalität und Tübbeckes Freund, den Maler Rabe, beschreibt. Auch bei Theodor Fontane findet sich u. a. in „Irrungen und Wirrungen" und im „Stechlin" der Ort wieder. Zum Zeitpunkt der Aufnahme 1907 bediente bereits Leo Klatte die Gäste.

Die Straße Alt-Stralau an der Ecke zur Friedrich-Junge-Straße in Blickrichtung Tunnelstraße um 1920. Der Kaufmann Friedrich Junge (1786–1858) war Stralauer Kommunalpolitiker und Berliner Stadtverordneter. In Alt-Stralau 18 wohnte 1837 der Philosoph und Protagonist der Arbeiterbewegung Karl Marx (1818–1883), der mit Friedrich Engels zu den einflussreichsten Theoretikern des Sozialismus und Kommunismus zählt.

Auf dem Grundstück Alt-Stralau 21 befand sich das Restaurant „Perle von Stralau". Das gutbesuchte Lokal mit seinem großen und unter schattenspendenden Bäumen gelegenen Schankgarten führte der Gastwirt Theodor Rau. Auf der Ansichtskarte von 1903 sieht man auf dem nach links gedrehten Bild das Zufahrtstor und rechts den Saalbau mit der Freitreppe und dem Brunnen von der Spreeseite. In der Dunkelheit erhellte modernes elektrisches Licht auch die Außenanlagen.

Die Landgemeinde besaß auf dem Grundstück Alt-Stralau 50–51 nahe der Friedrich-Junge-Straße auch ein Rathaus, hier 1926 zu sehen. Der repräsentative Verwaltungsbau mit dem Karpfen im Giebelschild wurde 1906 durch den Architekten Gustav Nopp errichtet. Amts- und Gemeindevorsteher war Louis Kracht (1865–1925). Weitere Einrichtungen waren die Volksschule in Alt-Stralau 34 und direkt daneben, in der Nr. 35, die Pumpstation der Kanalisation. Auf dem Areal Tunnelstraße 12 befand sich ein Betriebshof der Straßenbahn.

Zum Stralauer Hafen
Restauration
Destillation
Weinhandlung
Alt Stralau

◂ Die einstige Dorfstraße zwischen Stralauer Allee und Tunnelstraße erhielt 1900 den Namen Alt-Stralau. Auf ganzer Länge wurde sie von der Straßenbahnlinie 82 befahren. Hier schweift der Blick vom rechts zu sehenden Gebäude Alt-Stralau 56, wo sich heute die am 17. September 2007 benannte Jollenseglerstraße befindet, zur Ringbahnbrücke mit der dahinter liegenden Bebauung zum Markgrafendamm. Die Aufnahme entstand um 1920.

Unweit der Ringbahnbrücke befand sich in Alt-Stralau 5 ein weiteres beliebtes Lokal, der „Viktoriagarten". Um 1928 bewirtete hier Otto Steinicke seine Gäste. Auf dem weitläufigen Gelände mit langem Uferbereich an der Spree gab es auch eine hölzerne, überdachte, schön gestaltete Bühne mit Hintergrundbild, auf der Musiker zum Tanz aufspielten oder Berliner Possenkabarett aufgeführt wurde.

◂ Blick von Alt-Stralau in die Krachtstraße zur Ecke der Bahrfeldstraße um 1912. Seinerzeit befand sich in Alt-Stralau 59 das Restaurant „Zum Stralauer Hafen", welches Georg März führte. Nur noch hinter der Bahrfeldstraße und gegenüber sind alte Gebäude erhalten. Nach dem Fabrikbesitzer sowie Amts- und Gemeindevorsteher Albert Rudolf Ferdinand Bahrfeldt (1846–1918) wurde die Straße 1912 benannt. Er selbst wohnte in Alt-Stralau 66.

Laut dem Edikt des Kurfürsten Johann Georg endet die Schonzeit der Fische am Bartholomäustag, dem 24. August. Ab diesem Tag ist das Anfischen mit Netzen wieder erlaubt. Seit der Ersterwähnung des „Stralauer Fischzuges" im Jahre 1780 wurde dieser Tag immer feuchtfröhlich gefeiert. Aus diesem Anlass gab es auch Volksfeste mit Karussells. Besonders Karpfen und Barsche wurden vor der Küste von Stralau gefangen.

Anlässlich der 700-Jahr-Feier Berlins nahm am 15. August 1937 auch ein blumengeschmückter Festwagen mit einem aufgerichteten Karpfen in Erinnerung an den Stralauer Fischzug teil. Hier ist das Pferdegespann im Festzug auf der Warschauer Brücke zu sehen. Noch heute erinnert vor dem Rathaus Treptow eine 1925 aufgestellte Statue des „Stralauer Fischers", geschaffen 1916 von Reinhold Felderhoff, im Fischerbrunnen an das Ereignis.

7. Industrie und Handwerk in Friedrichshain

Im Fabrikgebäude im Hof des Grundstücks Markusstraße 3 nahe dem Strausberger Platz befand sich die mechanische Werkstatt von Ernst Hardtmann. Sie war spezialisiert auf die Herstellung präziser Kilometerzähler für Fahrräder. Diese Werbeanzeige wurde 1934 in den Berliner Zeitungen abgedruckt. Die Produktionsstätte in Friedrichshain wurde im Zweiten Weltkrieg vollständig zerstört. In der DDR wurden diese Zähler wieder gebaut.

Noch völlig ohne elektrischen Strom wurde nur mit einer gespannten Feder das als Grammofon bezeichnete Tonwiedergabegerät betrieben. Es spielt Schallplatten aus Schellack mit 78 Umdrehungen pro Minute ab und verstärkt die Töne der Nadel mithilfe eines Schalltrichters aus Metall, die kunstvoll und wohlgeformt gestaltet sind. Damit sich jeder eine „Mill Opera" leisten konnte, bot um 1911 Otto Jacob Senior in seinem Geschäft in der Friedenstraße 9/Ecke Georgenkirchstraße bequeme Ratenzahlung an.

Nachdem Adolf Lehmann bereits Teilhaber an zwei Firmen gewesen war, gründete er 1890 seine eigene Pianofabrik in der Königsberger Straße 3 nahe dem Küstriner Platz (Franz-Mehring-Platz). Jährlich sind rund 200 Klaviere produziert worden, die auch nach England und Kapland (Südafrika) exportiert wurden. Diese Reklame erschien 1896. Krankheitsbedingt übernahm 1898 sein zunächst stiller Teilhaber Eduard Brocks das Werk, das durch die gute Konjunktur in den Folgejahren erhebliche Zuwächse verzeichnete.

Julius Pintsch A.-G. Berlin

Bau vollständiger Gaswerke für Steinkohlengas, Wassergas und Oelgas. Neu-, Um-, und Erweiterungsbauten mit Gasbehältern und Gebäuden.

Pintsch - Bolz - Vertikal - Retortenöfen D.R.P. Sämtliche Apparate f. d. Gaswerkbetrieb.

Wasserstoff - Anlagen, Gaspress-Anlagen, Füll - Anlagen für Bahnhöfe.

Teerdestillations - Anlagen für ununterbrochenen Betrieb.

Anlagen zur Ammoniakwasser-Verarbeitung.

Mess-, Prüf-, Versuchs- und Vorführungs - Apparate für Laboratorien, Gasanstalten, Eichämter und industrielle Betriebe.

Gasmesser, Münzgasmesser, Fernzünder D.R.P.

Gas- u. elektrische Zugbeleuchtung, Dampfheizungs - Einrichtungen, Metallfensterrahmen für Eisenbahnfahrzeuge (auch für Strassenbahnen).

Feste u. schwimmende Seezeichen jeder Art.

Vakuum - Trocken - Apparate. Geschweisste Kessel u. Apparate jeder Art u. Grösse.

Generatorgasanlagen für alle Brennmaterialien, für Kraft-, Heiz- und Glühzwecke, zur Desinfektion und Tötung von Tieren.

Glühlampenfabrik

Einzige, auch nach langer Brenndauer stossfeste Metallampe, Kohlelampe. Preisanfrage erbittet Glühlampenabteilung.

Julius Pintsch (1815–1884) war einer der erfolgreichsten Unternehmer des Berliner Ostens. Nahe dem Frankfurter Bahnhof (heute Ostbahnhof) hatte der gelernte Klempner 1834 eine kleine Kellerwerkstatt eröffnet, in der er auch Gaslampen produzierte. Bereits wenige Jahre später wuchs das Gasleuchtengeschäft und er zog 1863 in die Andreasstraße 72–73 um. Dort expandierte die Julius Pintsch AG und nutzte auch die anliegenden Stadtbahnbögen zur Produktion. Die Vielfalt der Erzeugnisse findet sich auf dieser Werbeannonce von 1917 wieder.

Adolf Lehmann

BERLIN O., Königsberger Str. 3

Pianoforte-Fabrik

Specialität: System Steinway.

L. ZUCKER & Co.
BERLIN O 17.
MÜHLENSTR. 51-58 (Francke-Haus)

Fernspr.: Amt Königstadt Nr. 260

Telegr.-Adresse: Zuckooh-Berlin

Bank-Konto: Dresdner Bank Depositenkasse A.

Postscheck-Konto: Berlin Nr. 2772

Ungarische Postsparkasse: Budapest Nr. 23551.

Oesterreichische Postsparkasse: Wien Nr. 79347.

Altbuchhorster Mark-Sprudel Stark-Quelle

Altbuchhorster
Mark-Sprudel
Stark-Quelle.

Natürliche, unter Zusatz von Kohlensäure gefüllte
Jod-Eisen-Mangan-Kochsalz-Quelle.

Unter ständiger Kontrolle des vereidigten Gerichtschemikers, Herrn Dr. PAUL JESERICH, Charlottenburg.

BERLIN O 17, den 13.5.14. 191

Rechnung für Herrn Oswald Zacharias. Drogerie Neuhausen.Bez.Dresden

Auf einem Gelände an der Spree lagen die Franckschen Gewerbebauten in der Mühlen-/Ecke Brommystraße. Hier befand sich auch die Firma L. Zucker & Co., die kosmetische Produkte und Heilwässer vertrieb. Dazu gehörte auch der Verkauf von Altbuchhorster Mark-Sprudel, der von 1906 bis 1937 aus einer Quelle bei Grünheide (Mark) abgefüllt wurde und gegen Schlaflosigkeit, Nervenschwäche und Migräne eine frappante Wirkung zeigte.

Fernsprecher:
(Sammel-Nummer)
E 8 Andreas 8044

P. & M. Schneider
Werkzeugfabrik
Berlin O 34, Revaler Straße 3

Bank-Konto: Dresdner Bank,
Depositen-Kasse L. II. Köpenicker Str. 1
Postscheck-Konto: Berlin 83541

Spezialität:
Fräser, Messer, Bohrer, Band- und Kreissägen, Bandagenführungen, Kreissägewellen sowie alle Apparate zur mechanischen Holzbearbeitung.

Berlin, den 31. Dezember 1934.

Rechnung für Firma Hermann Sonntag Nachfg.
Bln.-Pankow.

In der Revaler Straße 3 nahe der Warschauer Straße wurden in der Werkzeugfabrik P. & M. Schneider u. a. Aufsätze für Dreh- und Fräsmaschinen hergestellt. Dieser Briefkopf entstammt einer Rechnung von 1934 für die Pankower Firma Hermann Sonntag Nachfolger (Nutzholzhandlung in der Wollankstraße 115), die sich hier eine aus Schweden stammende Bandsäge reparieren ließ.

Die Mechaniker Paul Borck und Adolar Goldschmidt gründeten in Berlin das Unternehmen Borck & Goldschmidt zur Herstellung von Geräten für die Telegrafie und Telefonie. 1912 übernahm der Kaufmann Richard Gondolasch die Firma in der Fruchtstraße 1–2, die auch die Deutsche Post belieferte. Auch Rundfunkapparate und Kopfhörer stellte der Betrieb ab Mitte der 1920er-Jahre her. Nach 1945 wurde er stillgelegt und später enteignet. Gondolasch ging 1956 nach West-Berlin in die Siemensstadt. Aus dem Handelsregister wurde das Unternehmen 1967 gelöscht.

Um einen Hof am Markgrafendamm 24 nahe der Hauptstraße gruppiert befanden sich die Fabrikanlagen von Franz Glinicke, Sohn & Co., wo Emailwaren sowie Haus- und Küchengeräte produziert wurden. 1938 feierte man das 50. Firmenjubiläum. Ab dem Ende der 1930er-Jahre stellte der Betrieb auch Aluminiumgeschirre her. Dieser Briefkopf mit dem „Emaillehof" entstammt einer Rechnung von 1933.

Der Ingenieur Georg Knorr (1859–1911) entwickelte 1900 die Einkammer-Druckluftbremse für Fahrzeuge, die zuerst in Eisen- und Straßenbahnwagen eingesetzt wurden. Von ihm stammte auch der Selbstschließmechanismus der Türen von S-Bahn-Wagen. 1904 nahm die Knorr-Bremse GmbH in der Neuen Bahnhofstraße die Produktion auf. Diese Werbeanzeige wurde im Rahmen der Internationalen Automobilausstellung 1937 in Leipzig veröffentlicht.

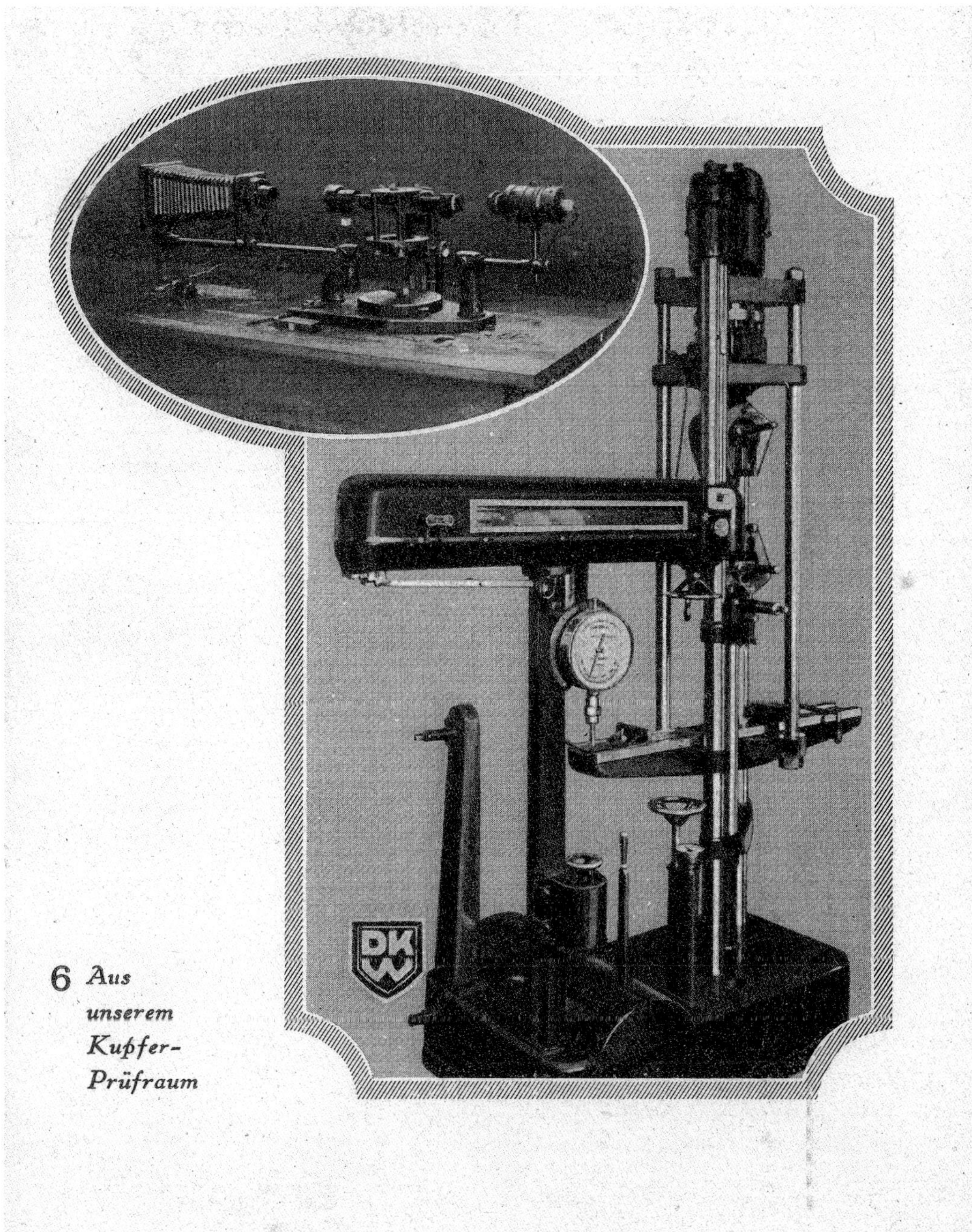

Kupfer- und isolierte Drähte stellte die Deutsche Kabelwerke AG (vormals Hirschmann & Co. AG) in der Boxhagener Straße 80 her. Das Unternehmen wurde am 14. Juni 1896 gegründet. Bevor die Kupferleitungen ausgeliefert wurden, erfolgte die Prüfung jeder einzelnen auf Festigkeit und Qualität. Diese Werbekarte von 1923 zeigt zwei dafür eingesetzte Prüfgeräte.

Diese Werbeanzeige der Cyklon-Maschinenfabrik mbH stammt aus einer Zeitung von 1912. Firmengründer Paul Schauer baute in seinem Werk in der Boxhagener Straße 80 (einst Alt-Boxhagen 16f) von 1900 bis 1905 Motorräder und ab 1902 Automobile. Darunter das abgebildete dreirädrige Fahrzeug „Cyklonette“ mit eingebautem Zweizylindermotor, das 10 PS lieferte. Das Unternehmen wurde 1931 aus dem Handelsregister gelöscht. Das 1906/07 errichtete und 2009 abgebrochene Produktionsgebäude entwarf Karl Bernhard.

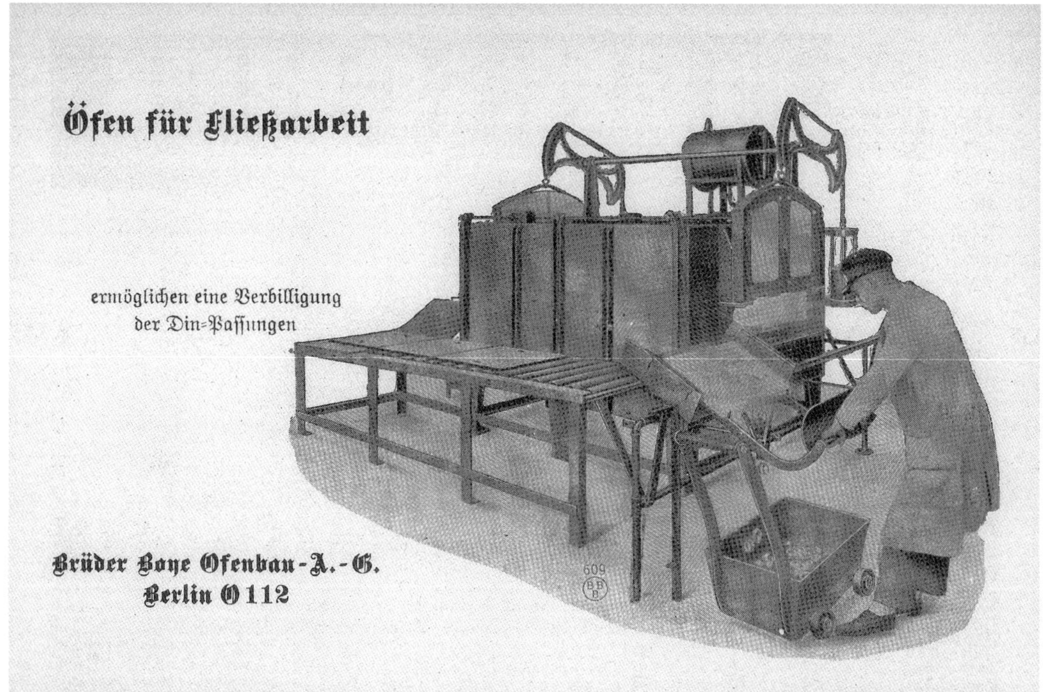

In der 25. Ausgabe der Wochenzeitschrift des Vereins Deutscher Ingenieure (VDI) erschien diese Reklame 1926. Die Firma der Brüder Boye produzierte von 1922 bis 1933 in der Rigaer Straße 56 nahe dem Schleidenplatz. Ihre patentierten Öfen u. a. auch für die Löttechnologie wurden besonders zur Herstellung von Fahrradteilen und ähnlich großen Gegenständen in Massenfertigung eingesetzt. Die Maschinen wurden mit Gebläsebrennern mit Gas oder Öl unter Verwendung von Pressluft betrieben. Ein Windschleier sorgte dafür, dass der Arbeiter einen kühlen Kopf behielt.

8. Auferstanden aus Ruinen – Der Wiederaufbau

„Auferstanden aus Ruinen und der Zukunft zugewandt ...“, heißt es im Text der DDR-Hymne von Johannes R. Becher, deren Wortlaut von 1949 bis etwa 1972 gesungen wurde. Damit waren auch die baulichen Veränderungen gemeint, wie hier am neuen Strausberger Platz. Vorn auf dem Foto sind um 1960 noch die Reste der Altbebauung der Singer- und Blumenstraße zu sehen. Die Osttangente vom Strausberger Platz bis zur Holzmarktstraße wurde erst 1969 als südliche Lichtenberger Straße fertiggestellt.

Der Ost-Berliner Magistrat bekam von der Sowjetunion anlässlich der III. Weltfestspiele der Jugend und Studenten ein überlebensgroßes Bronzestandbild von Josef Stalin (1878–1953) zum Geschenk, das am 3. August 1951 aufgestellt wurde. Vermutlich schuf es der Bildhauer Grigori Postnikow. Nachdem die Verbrechen des Diktators bekannt geworden waren, verschwand das Denkmal im Herbst 1961. Im Hintergrund sind noch die Altbauten der Andreasstraße 41–44 zu sehen.

1950 erfolgte die Benennung der Stalinallee (seit 1961 Karl-Marx-Allee). Der zwischen Strausberger Platz und Proskauer Straße/Niederbarnimstraße gelegene, 90 Meter breite Prachtboulevard gilt als erste sozialistische Straße Berlins. Auf der 1958 versandten Ansichtskarte sind das „Haus Berlin“ und das „Haus des Kindes“ am Strausberger Platz, die „Deutsche Sporthalle“, die Gaststätte „Budapest“ und das Café „Warschau“, das Hochhaus an der Weberwiese sowie die Bauten am Frankfurter Tor mit ihren Kuppeln zu sehen.

Am 7. Januar 1953 zogen die ersten Werktätigen in die neuen Wohnbauten in der Stalinallee ein. In der 2,3 Kilometer langen, „sozialistischen Straße“ in Berlin fanden an diesem Tag fünf Familien ein neues Zuhause. DDR-Präsident Wilhelm Pieck (1876–1960) sprach bei der Grundsteinlegung anlässlich des 1. Nationalen Aufbauprogramms 1952 die Worte „Baut den Frieden mit in die Häuser ein“.

Der Bau der U-Bahn-Strecke der Linie E (heute U5) vom Alexanderplatz bis Friedrichsfelde wurde 1926 begonnen. Durch die Weltwirtschaftskrise verzögerte sich die Eröffnung auf den 21. Dezember 1930. Hier sieht man den heute noch vorhandenen nordwestlichen Ausgang des U-Bahnhofes Strausberger Platz im Jahre 1952. Zwei modisch gekleidete Damen steigen die Stufen hinab und blicken noch kurz zum Fotografen zurück.

Etwa 50 Meter westlich des alten Strausberger Platzes entstand an der Lichtenberger Straße ein großzügig angelegter Kreisverkehr mit torähnlichen Eckhäusern aus Stahlbetonfertigteilen, die hier in Richtung Frankfurter Tor mit beleuchteten Reklamen auf den Dächern zu sehen sind. Auf der Platzmitte befindet sich der 1966 aufgestellte Ringbrunnen mit seinen 18 Meter hohen Mittelfontänen, entworfen von Fritz Kühn, die auf der Nachtaufnahme von 1969 eindrucksvoll illuminiert werden.

In der Stalinallee 152 (Karl-Marx-Allee 78) befand sich die Karl-Marx-Buchhandlung, die eine der renommiertesten Buchhandlungen der „Hauptstadt der DDR“ war. In der hier bei der Eröffnung 1953 zu sehenden Belletristikabteilung gab es schöngeistige, unterhaltsame Lektüre. Heute kennzeichnet den im Februar 2008 geschlossenen Ort nur noch der unter Denkmalschutz stehende beleuchtete Schriftzug an der Fassade.

◂ Durch Aufhebung der vorderen Zorndorfer Straße und der querenden Insterburger Straße entstand nördlich der Stalinallee diese dreieckig angelegte Randbebauung mit innenliegender Grünanlage. Das Architektenkollektiv Kurt W. Leucht errichtete den Block 40 mit insgesamt 33 Aufgängen 1953/54 im Stil eines vereinfachten klassizistischen Formenrepertoires in normaler Berliner Traufhöhe. Hier der Blick von der offenen Ecke Auerstraße und Weidenweg zur Löwestraße.

Hier legen junge Mütter eine Rast auf einer Bank in der Stalinallee ein. Neben ihnen stehen moderne Kinderwägen mit ihrem Nachwuchs darin. Die Aufnahme entstand 1954 auf der Promenade der Nordseite am U-Bahnhof Memeler Straße (heute Weberwiese). Nach Skizzen von Hans Scharoun entstand die „Wohnzelle Friedrichshain", die mit dem hier zu sehenden Laubenganghaus (links der Bildmitte) vom Entwurfskollektiv Ludmilla Herzenstein 1950/51 im Stil der Moderne realisiert wurde.

◂ Das „Café Warschau" in der Stalinallee (Karl-Marx-Allee) 93/93a wurde als eines der sieben Nationalitätsgaststätten der volkseigenen Handelsorganisation (HO) am 1. Mai 1953 eröffnet. In bester Lage und zu gehobenen Preisen konnten die Gäste polnische Konditoreiwaren und Speisen auf zwei Etagen verzehren. Der hier 1957 fotografierte Einrichtungsstil folgt dem Klassizismus. Wegen Publikumsmangel musste die Lokalität mit ihren 400 innenliegenden Gästeplätzen nach der Wende schließen.

◂ Als kleines Pendant zu den Türmen des Frankfurter Tors entstand dieser dominierende Aufsatz auf dem Gebäude Wedekindstraße 25. Hier der Blick von der Grünberger Straße in den 1950er-Jahren. Rechts befindet sich die Durchfahrt der Gubener Straße. Die Lasdehner Straße wurde bei der Bebauung des neuen Stadtplatzes hinter dem Wohnblock zu einer Sackgasse zurückgebaut.

Das Frankfurter Tor war einst ein Durchlass in der östlichen Berliner Akzisemauer in Höhe der Karl-Marx-Allee/Ecke Marchlewskistraße. Etwa 800 Meter östlich davon entstanden in der Stallnallee mit den Baublöcken F von Hermann Henselmann zwei kuppelgekrönte Turmhochhäuser sowie ein Platz an der Kreuzung Warschauer Straße und Bersarinstraße (Petersburger Straße). Jener erhielt 1957, wie auch der U-Bahnhof, den Namen Frankfurter Tor. Das Foto entstand 1964.

◂ Starke Zerstörungen und der Aufbauwille prägen auch diese Gegend an der Graudenzer Straße, hier mit Blick zur Lasdehner Straße. Lediglich der Altbau Graudenzer Straße 17 (einst 9) hat die Wirren der Zeit bis heute überstanden. Durch den Wintereinbruch wirkt diese Ansicht sehr friedlich. Schemenhaft sind im Hintergrund die Türme des Frankfurter Tores in der Karl-Marx-Allee zu erkennen.

Berlin-Friedrichshain

Ralf Schmiedecke

978-3-86680-038-0
20,00 €

Berlin-Kreuzberg
Impressionen aus alter Zeit

Michael Thomas Röblitz

978-3-86680-351-0
20,00 €